信息时代的经济变革
——网络经济与管理研究

李萌昕　著

云南出版集团

云南人民出版社

图书在版编目(CIP)数据

信息时代的经济变革:网络经济与管理研究/李萌
昕著. —昆明:云南人民出版社,2020.10
ISBN 978-7-222-19700-8

Ⅰ.①信… Ⅱ.①李… Ⅲ.①网络经济-研究 Ⅳ.
①F49

中国版本图书馆 CIP 数据核字(2020)第 195543 号

责任编辑:和晓玲
责任校对:吴 虹
装帧设计:张 雪
责任印制:马文杰

信息时代的经济变革
——网络经济与管理研究

李萌昕 著

出 版	云南出版集团 云南人民出版社	
发 行	云南人民出版社	
社 址	昆明市环城西路 609 号	
邮 编	650034	
网 址	www.ynpph.com.cn	
E - mail	ynrm@sina.com	
开 本	787mm×1092mm 1/16	
印 张	10.5	
字 数	220 千字	
版 次	2020 年 10 月 第 1 版第 1 次印刷	
印 刷	云南新华印刷二厂有限责任公司	
书 号	ISBN 978-7-222-19700-8	
定 价	55.00 元	

如有图书质量及相关问题请与我社联系
审校部电话:0871-64164626 印制部电话:0871-64191534

序　言

　　人类历史上多次的产业革命都源于技术革命的发生,也由此带来了经济的腾飞和社会的极速变化。人类社会从游牧经济发展到农业经济是由于农业革命的推动与促进;人类社会从农业经济发展到工业经济是由于工业革命的推动与促进。当下,一场以微电子技术为核心的包括计算机技术、软件技术、人工智能技术、光电子技术、通信技术等高新技术带来的信息革命正在发生,这场技术革命已经给人类社会带来了不可估量的变革。其中,与我们的研究密切相关的是,依托在现代电子技术和网络技术基础上的互联网也已经给人类的政治经济、文化教育、生产生活等各领域的活动带来了深远影响。互联网的发展已覆盖全球,把全球的各种要素紧密联系在一起,把人与人之间的工作与合作、人与人之间的交流与联系、人与人之间的娱乐与消费紧密联系在一起,使社会成为一个具有强烈的社会网络化特征,极大地丰富了人类信息获取途径。在经济领域,它还带来了全新的市场特征,对全球国家和地区的经济结构的调整、经济模式的变化、经济组织的变革以及产业升级造成了极其强烈的影响,对传统经济带来了深刻的冲击,形成了一种新的经济增长模式。

　　科学技术是第一生产力的理论已经被社会发展的历史所证实。我们来看20世纪中叶以来的科学技术是怎样成为现代社会政治、经济、文化发展的伟大的推动力量的。首先是信息技术、空间科学技术、生物工程技术、材料科学技术、新能源技术、交通科学技术等高技术产业群的兴起和发展,弱化了传统经济中以自然资源在经济发展中占主导地位的作用。然后,在此基础上出现了当今呈现出来的全球信息化时代——一个竞争更趋激烈的时代。在这个时代,以贸易自由化、经营国际化、金融一体化、科技国际化为表征的全球经济一体化的社会特征已经形成。而且,这个趋势在一步一步地深化并形成了良性互动:现代电子信息技术带来的网络社会的发展,加快了全球经济领域信息的传递与交流,进一步深化了全球经济一体化;反过来,全球经济一体化趋势的形成,扩大了国际对经济信息交流以及与经济活动相关信息的需要,又对现代电子信息技术带来的信息网络化的建设与发展带来了极大的促进作用。由此可充分地看到,全球经济一体化和信息网络化之间相互促进的趋势已经变得越来越突出,也越来越明显。这也就促使工业经济将快速迈进信息化道路,技术、知识、信息在经济发展中的突出地位亦将随着现代信息技术所带来的网络化信息社会的高速发展而变得更为彰显。这就是说,因信息技术革命变革带来的网络经济已经走进了我们的时代。

网络经济已经以蓬勃之势呈现在我们面前了,已经以其独有的与传统经济相区别的特质成为世界经济发展的极为受世人关注的热点。世界各国在对它表现出异乎寻常的关注的同时,走上了一条大力发展网络经济的道路,从强化网络经济技术基础的计算机技术和通信技术、信息高速公路,到优化网络经济的运行环境等,试图通过大力发展网络经济的途径来最大限度地优化现有的产业结构,由此来达到推动国民经济飞速发展的目的。

我们都知道,经济学的研究对象、内容实质、理论体系都是随着时代的变化而不断发展和完善的。作为与时代发展紧密相连的经济理论,传统的经济理论已经无法完全解释伴随着信息技术革命而发生的网络经济的现象、特征。因此,对网络经济加以研究也就成为一种必然。对网络经济的认识与研究,将有利于探究网络经济的理论基础,有利于寻找良性的网络经济运行模式,丰富经济学的内涵。同时,从政府治理的角度来探索网络经济,在认识我国经济发展特点的基础上,理论与实践相结合,寻找与中国特色社会主义市场经济相适应的网络经济发展模式,对促进我国的经济发展和社会发展具有重要的理论意义与现实意义。

当下,网络经济的发展趋于成熟,学术界对其研究也取得了很多的成果,笔者在对学界成果加以吸收的基础上,对网络经济与管理进行了一番探究。由于笔者学识有限,对某些理论问题的看法还不够深入,在此祈请各位专家批评指正。

目　　录

第1章　网络经济界说

在现代信息技术的推动下,网络经济作为一种与传统经济相区别的经济已经呈现出强大的生命力和良好的发展态势。从当下的现实情况来看,经济生活中的所有环节,比如生产、交换、分配、消费等都已经完全可以依赖于网络发生,通过网络实现如上的经济活动,作为经济活动中的主体,无论是生产者、消费者、金融机构还是政府职能部门,也都可以通过网络来获取自己需要的经济信息,甚至很多经济决策行为也都是通过信息网络实现的,还可以在网络上直接进行交易。网络经济正以其特有的方式在影响着我们经济的运行与发展,对经济发展产生了极大的推动作用,成为政府、企业和研究者都极为关注的研究领域。

1.1 新经济形态:网络经济的内涵

作为与信息经济在很大程度上相通甚至相同的经济形态,网络经济已经成为经济学研究的最新前沿,受到了广泛的关注,学术界也从不同的角度对网络经济的内涵进行了界定。在乌家培先生看来,可以从狭义与广义两个不同的角度来认识网络经济。从狭义的角度来看的话,网络经济只是局限于基于网络而发生的一种经济活动,如电子商务、网络投资、网络消费等。从广义的角度来看的话,网络经济是指以信息网络为平台,以信息技术与信息资源的应用为特征,信息与知识在其中起到重大作用的经济活动。[①]

我们从如下角度来深刻理解网络经济的内涵与本质。

[①]　乌家培.网络经济与治理.浙江经济[J],2001(7):16.

首先,从宏观层面上来说,我们认为网络经济本质上是对现代经济的反映,是从另一个侧面对现代经济做出的描述。

实际上,对现代经济的认识与理解是可以从不同的角度去进行的,比如可以说现代经济是市场经济,现代经济是信息经济,现代经济是知识经济,现代经济是知识与资本结合的经济,现代经济是数字经济,现代经济是虚拟经济,现代经济是虚拟与实体相结合的经济,等等。从不同的角度去认识和理解现代经济,对我们更深刻地认识现代经济的特征、本质、规律及趋势有极大的帮助。显然,在实际经济生活中不存在独立的信息经济或知识经济,所有的经济活动离不开信息,同样也离不开知识。当然,现代经济是以市场为基础的经济,是市场经济。

对于网络经济而言,情况也是一样,网络经济是从一个角度对现代经济的描述。在现代经济中,各经济主体是通过网络上各种各样的平台直接或间接互相联系的。我们以一个企业为例来对此进行描述:其一,企业可以通过金融网络平台来融通资金,进行商务结算。其二,企业可以在网络平台上发布招聘职员的广告,通过网络平台面试应聘人员。其三,企业可以在网络平台上推广产品,销售产品,并把销售后的产品送达消费者手中。其四,企业可以从网络平台获取满足自身发展所需要的资源和信息等等。

由此可见,在现代经济中,经济主体之间发生的各种活动都是依赖于不同性质的网络通道实现的,这些网络通道通过直接或间接的方式把经济主体连通了起来,即通过若干个网络系统的节点把每一个经济主体紧密联系在一起,缺少任何一个环节都难以运行,这也是各类网络能够融合发展的内在原因。这样,现代经济实际上就是以一个立体的网络空间而存在,在这个网络空间里,包含着众多经济的主体,及把这些经济主体相互连接起来的网络通道。从动态的角度来说,经济主体之间的所有经济资源,诸如资金、商品等,都是依赖于网络通道在网络空间里实现快速而有效的流动。在这个网络空间里,如果用不同的颜色代表不同的网络通道及流动于其上的传输物,则现代网络经济可用尽所有的颜色,颜色交汇的地方即是一个个经济主体。

在现代网络经济中,随着网络通道整体通行能力的增强,经济运转的速度也随之加快;随着网络通道使用成本的降低,总体经济成本也会随之降低;而更多的供应商与消费者的加入,则会使网络的规模扩大、现代经济的整体效益提高。所有能提高网络价值的因素,同样是提高整体经济效率的因素。

其次,从中观层面上来说,网络经济是对依赖特定网络的行业描述。

与宏观层面、微观层面相对,中观层面的网络经济是介于两者之间的经济形式。中观层面的网络经济是指依赖于某种或某几种特定网络而形成的网络经济形式。或者说,是由某种或某几种特定网络主体有机联系在一起的网络经济形式。

中观层面的网络经济的典型特征是互联网经济激发了新的商业模式的产生。在现实中已经产生了由互联网的出现所激发出来的新的商业模式,有学者把他们概括为12类77种,如B-B模式、网上金融、网上销售、网络拍卖(买)、网络软服务业、网络硬服务、数字商品提供者等等。这些商业模式或者自身独立运行,或者相互交织相互融通,形成了中观层面的依靠于互联网而存在的网络经济形式。

从微观层面来说,网络经经济是对网络经济中各主体经济行为的描述。

在网络经济中,每一个个人或者企业都被看作一个微观经济主体,这与传统经济并无区别。网络本身相当于一个新型的大市场,同时也是一个虚拟的有可能面向全球的超大市场。网络经济就为数量众多、特点各异、规模不等的经济主体提供了一个便捷的、低成本的交易场所和交易方式。于是,一方面,由于网络消费者彼此之间存在着很大消费需求差异,这些差异化的需求就成为网络企业生产满足消费者需求的差异化的产品的动力;另一方面,无数个差异化的个体的网络消费者组成一个庞大的网络消费群体,这就必然导致企业在这个产品的生产上仍然是规模化的生产和经营。网络经济的这个特点同时影响了生产者的设计和营销理念,从以前的单向设计大规模生产而后依靠推销占领市场的传统做法,转变为与广大网络消费者之间相互探讨、相互磨合的交互式设计,由此而带来了企业产品大规模生产,实现全球营销的柔性经营模式。

通过如上分析来说,网络经济就是包括传统经济网络化和由网络经济本身所带来的新的经济形式的综合。它的主要表现形式如下。

信息经济。指的是以技术为核心的包括信息产品制造、传播和存储的经济形式。信息产品制造、传播和存储也是网络经济发展的不可或缺的技术支撑。信息和技术成为产品的组成部分,信息产品的新时代改变了社会的每一个方面,从人们的衣食住行到军事、政治产品生产的各个方面,无不受到信息技术的巨大影响,而在其中,信息已经逐渐取代资本成为经济的主要资源,资本越来越成为信息的一个工具,信息则是人类智慧的结晶。

数字经济。信息在网络经济中传输的主要形式就是数字。我们知道在传统经济中,信息是以模拟信号或者物理形式出现的,早期的信息表现为物理形式,信件、图片都是以实物形式进行传送的。技术发展之后,人类通过模拟信号例如通过传统电话交谈,接受模拟信号的电视信号等等。而在数字经济中,大部分信息的形式都是以数字为载体进行传送,大量信息以数字形式光速传播,不仅速度加快许多,而且质量远远好于模拟信号,相比实物传送更是节省了大量的资源。这在很大程度上降低了交易成本,比如现在我们已经普遍应用的电子邮件、网络电话会议、网络图片、通过网络产生的订单等等。

虚拟经济。以上两种经济形式都还存在着传统经济的一些特点,或者本身就转化为传统经济的一部分,而虚拟经济则与之相异,它是由网络经济的发展所带来的一种新的经济形态。虚拟经济的典型特征在于,信息传播只是存在于网络上的虚拟数字而不是具体的物理实体,也不需要依靠具体的物理空间,人们的工作不是一定要到固定的物理空间中才能展开,而是可以通过现代信息技术,在虚拟的网络平台上进行。同样,一个企业的运作也不是非要一个现实的物理的办公场地,也可以把虚拟的网络作为企业的办公场地,人们也不用理会地理位置,只是单纯因为共同的兴趣或者目标,就刻意聚到一起进行各种经济、政治和娱乐活动。

1.2 信息网络化:网络经济的产生与发展

兴起于美国的网络经济已经在全世界范围内展开。网络经济的产生与发展离不开信息的网络化。

1.2.1 信息高速公路:网络经济产生与发展的前提

网络经济的产生与发展有赖于一个非常重要的前提条件——现代化的电信基础设施。网络经济依赖于三个非常重要的要素:网络、信息及现代化的电信——网络是基础,信息是核心资源,现代化的电信是纽带。三者共同组合在一起成为一个完备网络体系,即信息高速公路,这是网络经济产生的重要前提。我们可以这么理解信息高速公路:计算机技术和通信技术构成信息高速公路的坚实路基,光纤电缆构成信息高速公路的平坦路面,在信息高速公路上跑着的是多媒体计算机这个现代化的"汽车",这辆汽车高速地传送和交换各经济主体需要的各种差异化的信息。

信息高速公路的提出与应用源于美国。1955年美国新纳西州参议员阿尔伯特·戈尔向美国国会提出了《州际高速公路法案》,1991年其儿子提出了一个划时代的法案《美国信息超级高速公路法案》。① 1992 年美国总统布什在发表的国情咨文中提出计划用 20 年时间来建设美国国家信息基础结构（NII），作为美国发展政策的重点和产业发展的基础。1993 年克林顿就任美国总统后进一步加强了信息技术的地位，并授权成立了国家信息基础设施特别小组。同年 9 月 15 日，特别小组郑重宣布，美国将实施一项"将永久地改变美国人民的生活、工作和互相沟通方式的信息高速公路计划"。

美国提出的信息高速公路计划的目标是要在美国建立一个数字通信网络，这个数字通信网络的特征是以光缆为干线、高速、遍布全国且四通八达。全国的每个地区、每个部门、每个单位、每个家庭都被这个数字通信网络紧密联结在一起。该计划还对可能出现的具体的目标进行了描绘。比如，作为一个公司，不需要通过传统媒介就可以了解公司经营行业的市场动向；不需要和客户进行面对面的营销就可以顺利地从客户那儿获取自己商品的订货单；不需要和原材料供应商见面就可以从别的公司完成诸如订购原材料的行为等等。而对于我们这些普通的个体，不需要走出家门，在家里就可以做自己喜欢的工作；不需要到实体书店，在家里就可以获取你需要的从科学、文学到艺术等等各学科领域的作品、各学科领域的资料；不需要坐在电影院，而是在家里就可以选看到最新的、最喜欢的电影；不需要去银行和购物场所，在家里就可以完成存款、取款和购物；不需要去医院，在家里就可以享用医疗保健服务；不需要亲自去政府部门，在家里就可以发送电子邮件，通过政府网络平台的界面与你需要的政府部门取得联系。对于学生来说，不需要去学校，就可以选用最好的教师和最好的课程；不需要去图书馆，就可以直接查看各种各样的教学教育信息库。

美国是在已具规模的有线电视网（家庭电视机通过率达 98%）、电信网（电话普及率 93%）、计算机网（联网率 50%）的基础上提出，构想以光纤干线为主、辅以微波和同轴电缆分配系统组建高速、宽带综合信息而使网络，最终过渡到光纤直接到户。信息高速公路的实质是建立一个以现代计算机网络通信技术为基础，以光导纤维为骨干，跨越美国东西海岸，纵横北美大陆的大容量、高速度的电子数据传输系统。

应该说，缘起于美国的信息高速公路计划不仅是美国经济振兴的需要，更是适应社会发展、适应高技术发展的需要。美国信息高速公路计划提出后，在

---

① 通向 21 世纪"信息高速公路"——美国"国家信息基础结构行动计划"透视（上）. 中国信息导报[J]，1994（1）：12 – 13.

世界各个国家都引起了强烈的反响,并迅速得到了各个国家的高度认同与高度重视,许多国家也都开始根据实际情况竭尽全力地提出并研究建设适合自己国家发展的信息高速公路计划。

信息高速公路确实给人们的现实生活和工作带来了巨大的影响,同时也带来了极大的挑战。其一,信息高速公路因其具有自由通信的优势,由此成为帮助人们实现在任何时间和地点,与任何人都可以实时进行通信的手段和途径。随着微电子技术的不断发展和进步,单片发射、接收机也应运而生,具有无线频率的各种数字产品可以充分满足信息高速公路移动通信的需要。这是通信技术带来的一次前所未有的技术革命,由于采用数字化大容量光纤通信网络,信息高速公路具有容量大、速度高、智能化的特点,这就使得现实中的人们之间彼此通信不再只是局限于听声音,不再只是局限于看文字,而是能够实现图、文、声同框,双方对话交流的情境就如同身临其境。其二,信息高速公路能够给人们提供信息大道,从根本上改变了人类长期以来通过实践所形成的文化教育、商务贸易、科学研究等的方式。比如,信息高速公路在教育领域的应用,使得有关各类人员的教育问题以崭新的方式开展,使得教育方式变得更为多样化,教育内容也得到了进一步的丰富。虚拟学校的出现,虚拟图书馆的呈现、电子校园的使用,彻底改变了学校传统的教育与教学方式;学校的教学模式呈分布式,与传统集中式教学模式有了极大的差别;把"传授"与"交流型"融合也丰富了现有的教学方法。对于学生来说,因为有了建立在信息高速公路上的虚拟学校,使得现实中的学生可以相对更公平地选择自己喜欢的老师和自己喜欢的学校;可以挑选最符合自己愿望的专业和相关的教学资料;还可以在世界各国结识兴趣爱好相同的伙伴,共同组成有效的学习团队。对于教师来说,教师可以针对个性化的学生进行个性化的辅导,由此实现因材施教;可以丰富师生之间教与学的方式,使得双方能够更广泛、更深入、更有效地参与到教育的全过程中来。对于家长来说,家长可以通过信息高速公路和学校进行直接的联系,直观地了解学校真实的教学内容、教学方法以及整个教学过程,并且能随时随地看到子女在学校的学习情况,同时,家长还可以通过信息高速公路参与学校教育,与学校教师积极配合,完善对子女教育。此外,信息高速公路还可以在医疗领域发挥独到的作用,比如,医生可以通过各种智能型生物传感器、视频器、激光成像系统等信息技术,获得病人的病情状况;视频会议系统可以实现不在场的诊断,即把相距数千里的医生们联接在一起共同诊断疑难病例;同时,对那些不住在医院的病人,因为有交互式系统的存在,医生可以指导病人亲属如何护理。

还有,信息高速公路给商业带来了不可思议的变化,公司可以通过网络跨越国界,打破地域空间的限制从事国际商贸活动,消费者可以通过网络打破时间的限制,在多个虚拟空间里选择自己喜欢的适合的消费品。其三,高速公路使得企业集成成为可能,提高了生产率和自动化水平。所谓企业集成是指在企业内实现所有人员和所有资源的全面合作和统一调用。企业的集成化带来的是企业最高效益的获得,以及在国际竞争中占据绝对优势成为可能。传统经济下的企业很难实现集成化,即便是已经实现的自动化的成果,也可能只是依赖于某一独立的组织机构才能真正运行。而高速公路带来了影响深远的集成化信息系统,使得集成化成为可能。因为,企业内部的所有机构都通过信息高速公路,持续地从集成化的数据库中获得满足企业各部门决策、运行及变革的最新的、准确的有效数据信息。

信息高速公路对经济产生的影响和效益是无法估计的。它使现有办公方式由集中走向分散,大大缓解能源、交通等的矛盾和节约经济开支。根据西方经济学观点,信息交流是国民经济发展的倍乘因子,其关系式可表示为:社会净产值＝各部门物质生产(人力＋资金)投入总和乘以信息流量。信息高速公路使得社会信息流量呈几何级数增加,这从数学定量上又进一步说明信息高速公路对经济发展速度的影响。

1.2.2 Internet 技术:网络经济产生与发展的基础

生产力的发展是推动经济发展的原动力,而科学技术是决定生产力发展水平的最具影响力的因素之一。1946 年,世界上诞生了第一台计算机,从这时候开始,以计算机技术为基础的信息技术对社会带来了全方位的深刻影响,无论是经济领域,还是政治、文化领域,无一不被其渗入。计算机技术与网络技术相结合产生了计算机网络,更是对社会的发展带来了巨大的促进作用,尤其是计算机网络广泛应用于经济领域的时候,网络经济应运而生。计算机网络技术是网络经济产生与发展的基础。

Internet 起源于 20 世纪 60 年代的美国。古巴核导弹危机的发生极大限度地激发了世界各国对科学技术作用的重视,电脑的作用也在那个时代开始凸显,特别值得注意的是,科学技术的进步与电脑领域的发展密切结合了起来。真正的 Internet 诞生于 1983 年,ARPA 和美国国防部通信局研制成功了用于异构网络的 TCP/IP 协议,美国加利福尼亚伯克莱分校把该协议作为其 BSD UNIX 的一部分,使得该协议得以在社会上流行起来,这便是影响深远的 Internet。这时候的 Internet 主要应用于研究与学术领域。

直到 1991 年,工商企业才开始真正进入 Internet。那年,美国的三家公司 CERF net、PSI net、Alter net 网络联合,共同组成了"商用 Internet 协会",该协会宣称任何用户都可以利用三家公司 Internet 子网进行商业活动,这实际上是向世人宣告,这三家公司扮演着 Internet 商业化服务提供商的角色,为工商企业进入 Internet 提供了平台支撑。

从商业机构踏入 Internet 世界的那一时刻开始,Internet 平台中的通信、资料检索、客户服务等方面内容就被广泛关注和使用,使其潜力得到了前所未有的挖掘,呈现出蒸蒸日上的发展态势,由此吸引了来自世界各地的企业及个人的目光,并迅速地投入 Internet 的怀抱,由此引发了 Internet 发展的巨大飞跃,也带来了经济领域的一次飞跃——为网络经济的发展提供了技术基础。

于是,Internet 似乎就成了信息高速公路的前身,或者说,其实它就是信息高速公路的雏形。Internet 向人们呈现出一种全新的现代信息技术发展与使用的理念。不管在世界的任何地方的任何人,在任何时间都可以通过 Internet 来获取他想要获取的信息,都能通过 Internet 进行无间断的通信联系,还可以进行网上商业活动等等,以及与人们生活学习工作密切相关的行为。与之相伴随的还有基于 Internet 技术基础之上大量应用的产生,诸如电子邮件、网上宣传、网络求职、网络游戏、网上商城、微信等等,可以这么说 Internet 已经完全融入人们的生活、学习、工作的领域,极大地在影响和改变人们的生活方式、工作方式,同时也在极大地影响经济发展和社会发展,成为推动人类社会发展的一种不可或缺的强有力工具。

1.2.3 企业信息化:网络经济产生与发展的关键

信息时代已经到来,这就代表着信息作为企业发展不可缺少要素之一,已经成为现代企业成长与发展过程中所必需的财富和资源。企业的竞争力从传统上是否占有资源,转变为是否能全面、及时、准确地掌握信息,是否能够依靠信息技术来挖掘市场、最终占领所决定。企业要实现这样一个掌控信息的过程,其基本条件是企业自身的信息化。企业信息化既是网络经济产生和发展的关键,也是现代企业适应网络经济发展的基础。

信息化一词发端于 1963 年,日本有位学者发表了一篇文章,文章的标题为《论信息产业》。在这篇文章里,作者第一次提到了有关信息化问题,认为信息化是一个由工业社会向信息社会演进的动态发展过程,信息社会则是信息产业高度发达且在产业结构中占据优势的社会。在这篇文章中,作者侧重于从社会产业结构演进的角度来讨论信息化现象,认为信息化只代表一种社会的发展阶段,与工业社会相对应。我们从技术层次来理解的话,信息化就是信息技术的推广和应用;从知识层次来理解的话,信息化就是信息资源的开发和利用;从产业层次上来理解的话,信息化就是信息产业的增长。

在工业社会,社会经济的发展是以资源的控制为经济结构的重心,信息社会时代则发生了巨大的变化,社会经济的发展重心转向了信息。在这个转向的过程中,现代信息技术通过日益发达的网络,持续不断地渗透于经济运行的各个环节,渗透于社会生活的各个空间,由此对社会劳动生产率的急速提高起到了极大的促进作用。于是,信息化也就演化为衡量经济运行质量与运行效率的重要标准之一。继而,世界上的各个国家都开始进入把信息化作为国家竞争力的重要组成部分来对待,同时,也把信息化作为提升国家竞争力的重要手段来对待。正是在这样的理念的指导下,各个国家加大了本国对信息资源开发和利用的力度,也加大了对信息化能力建设的力度。在这个过程中,电子商务的形成和应用对企业的运营模式、管理模式、营销模式都带来了极大的挑战,这挑战成为企业信息化的原动力,也为企业信息化发展提供了方向;反过来,企业的信息化既是网络经济实现的关键,也是推动网络经济进一步完善和发展的力量。

企业信息化指"企业应用信息技术,开发并利用信息资源,目的是在提高企业经营活动效率的基础上,最终增加企业的经济效益和增强企业竞争力"。[①] 企业信息化是企业通过信息技术整合并且利用企业内、外部信息资源,从而提高企业经济效益和市场竞争力的一个长期的持续改进的过程。企业信息化主要包括生产过程的信息化、产品设计信息化和管理信息化。

企业信息化的建设为企业的发展创造了更好的条件。首先,在企业形象的树立过程中扮演重要角色,能有效地树立和维护企业的良好形象。在传统市场中,企业的形象通过物理空间向公众呈现,作为呈现企业形象的物理空间一旦确定下来、形成下来之后就相对难以改变;企业信息化的优势在于,它是通过企业建立的虚拟的网络空间来呈现自己的企业形象的,通过网络空间把企业的经营理念、服务产品以及企业文化等进行全方位的展示,更为关键的是,无论你是宣传的内容还是宣传的方式,它都可以随时进行改变。这非常有利于扩大影响力,有利于企业吸引网络消费者,有利于企业挖掘、开拓新兴市场,最终起到提

---

① 乌家培.企业信息化的实质、问题与出路[J].信息系统工程,1999(3):6.

升企业核心竞争力的作用。其次,企业信息化建设可以帮助企业降低成本。信息化的特征在于,电子商务方式的出现,一是打破了时空条件限制,一是减少了对于实物资本比如经营场所、办公场地等的依赖,一是减少了企业和消费者之间中间环节的存在,降低了中间环节费用。正是如上方面的存在,企业信息化建设能够帮助企业降低人力成本,有效减少开支费用,最终实现企业效益的提高。再次,可以帮助企业提高满意度。在现实中,影响消费者满意程度的因素很多,其中包括企业所提供的产品或服务质量的高低,当然,除此之外,如何应对企业对顾客提出的要求,面对顾客提出的要求企业做出什么样的反应,关键的还在于如何处理以及处理的速度、方式和结果也是影响消费者满意度的重要指标。那么这时候,企业信息化的优势就体现出来了,因为在信息技术的支持下,企业借助于快速、有效的信息处理系统,能够非常及时、有效地对顾客的个性化需求进行差异化处理,提高业务执行速度,提高了服务效率,更提升有针对性解决问题的速度与质量,企业在顾客那里的满意度就自然得到了提升。

1.3 以信息流为中心:网络经济的特征

与农业经济的物流为中心、工业经济的货币流为中心相区别,网络经济是以信息流为中心的,即在网络经济中,信息传递工具的创新和革命性变化,改变了新信息处理与传递的方式,由此带来了人们在生产、贸易和交往方式上的极大变化,从而充分显示出了信息流在网络经济运行过程中的核心地位。这种以信息流为中心的网络经济呈现出如下鲜明的特征。

第一,网络经济是一种知识经济与网络技术结合的经济。

信息的传播和增值是知识经济表现出来的最重要的特质;而传统经济在网络技术的迅猛发展的推动下实现了全面信息化,因此,当下已经明显呈现出了知识经济与网络技术结合的发展态势,二者结合就产生了当下典型依赖于网络驱动而形成的新型经济形态,即是我们这里要讨论的网络经济。

在网络经济中,知识是经济发展的核心要素,这就决定了这样一个结果,即人们的财富、企业的竞争力状况等等都与我们掌握信息、知识与智力的能力有关,即都取决于我们是否对信息、知识与智力具有较高的掌控度。因此,对于个体劳动者来说,就要具有较高的掌握信息、知识与智力的能力及运用能力;对于企业来说,就要通过现代信息技术掌握最新知识,继而掌控市场。

在网络经济环境下,从事网络经济活动的人员是必须具备一些相关的素养的,比如,必须掌握电子计算机技术的基础知识;必须掌握网络技术的基础知识;必须具有较强的操作计算机和网络的技能;而且,尤为重要的是,还必须具备在网络上有效、及时地解决现实遭遇的各种问题的能力。

网络经济中的信息资源以及知识技术具有更强的流动性,在网络经济下,知识与技术已经成为市场中最具价值的生产要素,因之而出现的在技术标准方面的竞争日渐激烈。

如上分析我们可以得到明显的结论,在知识经济与网络技术结合的网络经济环境里,网络企业的竞争优势已经不仅仅停留在传统的取决于资源的丰富和资本的雄厚,而是转变为是否能创造出满足消费需求的新知识,是否能把新知识、新信息转化为现实的新技术和新产品。充分显示出网络经济是以投入要素以信息资源或者技术知识为主的新型经济。

第二,网络经济是一种创新型经济。网络经济是高科技发展与进步的产物,只有不断地创新,网络经济才具有活力和生命力。

网络经济强调技术创新。市场主体为了生存与发展,取得产品与技术优势是关键,为了适应极速变化的市场和消费者需求变化,从而在网络交易中占据主动地位,就必须从各个角度各个层面研究如何缩短产品生产及其技术的生命周期,突出并展现企业在产品生产及其技术上的优势。否则的话,就可能因为产品与技术跟不上市场,跟不上消费需求的变化而失去竞争力,在影响经济效益的同时还可能遭遇被淘汰的命运。为了避免这一问题的发生,企业就必须更强调研究、开发,强调创新,只有通过创新,企业才能持续发展,网络经济才能具有生命力。

网络经济还强调制度创新和观念创新。纵观整个人类发展史,但凡那些在技术上占据领先地位的国家,如英国、德国、美国等等,不仅是技术创新带来的结果,而且还是因为期间伴随的制度创新、观念创新、组织创新等。在信息高速发展的当下,以自由竞争为核心的市场经济为其发展提供了一个很好的环境,但仅此还是不够,还需要借助于政府的力量,需要依靠政府进行适当的市场干预,需要通过政府的调配寻求资源的最优化配置,只有在自由竞争的市场经济和政府调控的合力推动下,产业和企业的技术创新才会更深入、更有效,也才能推动网络经济的加速高质量发展。

所以,网络经济主体对创新性的追求不断迫切,进而加速了新技术、新知识、新行业的产生,使网络经济体现出突出的创新性。

第三,网络经济是一种全球化经济。现代信息技术已经把世界上所有的局域网共同连接在一起,呈现在我们面前的已经是一个统一的网络大市场,经济系统也在这个大市场中融合成为一个全球性的系统,网络经济已经突破了国家之间物理空间的限制,经济活动的国界性特征变得越来越模糊,其空间因素制约性也已经几乎被信息网络技术降低到了最小限度,网络经济全球化的面貌已经真实呈现在人类的视野中。

网络经济的全球化给网络企业面向全球发展的极好机遇。我们已经看到,企业的市场已经扩大到了全球;企业的技术可以实现全球化的共享;企业与企业之间可以选择联手,实现利益的最大化等等。

网络经济的全球化发展态势也带来了全球化的竞争态势。我们已经看到,全球所有企业的竞争面临的是全球的客户,企业对客户的选择是自由的;企业之间的联手使得一些企业的实力得到加强,但同时又给其他企业带来了威胁;既然是全球化,经济成为国际竞争的主战场,企业的竞争对手突破了国界,竞争压力加剧等等。

网络经济的全球化使得区域与区域、国家与国家之间的经济关联度不断加强。在网络经济全球化的环境下,资本在世界范围内的流动速度在加快,流动途径与流动方式更加灵活;全球性的经济组织的力量越来越强大,跨国公司数量也越来越多,其影响力也越来越大,这样,一旦资本流通的哪个环节出了问题,跨国组织的哪个环节出了问题,都有可能引发为全球性的问题。就在经济全球化初期出现的亚洲金融危机,就是由小小的泰国货币贬值引起的全面的从亚洲波及俄罗斯、美国的金融市场。在网络经济发展如此迅猛的当下,经济全球化一体化的特征更加鲜明,区域间发展的依赖性更加典型。

第四,网络经济是一种虚拟型经济。现代信息技术带来了一个有别于实际物理空间的电子虚拟空间,我们把在这个空间中进行的经济活动称为虚拟经济。虚拟经济的最大特征在于将传统的交易活动全部或部分转为电子化、数字化、虚拟化,完全实现"在线"经营。

网络经济的虚拟性是由网络的性质决定的,主要表现为:其一,虚拟货币的使用。在电子信息平台上,网上交易中的结算一般是依托于相关银行的信用转账体系,采用虚拟货币的转账形式进行支付,这种虚拟货币不仅具有纸币的支付功能和流通功能,并且更加高效可靠和省时省力。其二,虚拟的财富形式。网络经济中,信息资源、网络节点、网友关注等都可以被看作有价值的财富形式,它们以虚拟化形式出现进而有效地促进有形商品产业的发展。因此,相较于传统经济,网络经济中财富的形式更加多样化。其三,虚拟产品的出现。基于网民们日益高涨的精神文化需求,虚拟化产品逐渐兴起并被广泛应用于网络经济之中。目前比较常见的虚拟产品形式主要有:虚拟课堂、网络数据库、电子图书馆、影音资料库等。它们极大地丰富了网民的精神生活,也成为拓宽传统经济发展途径的基础。其四,虚拟企业的兴起。随着网络经济的发展,涌现出大量的从事电子网络经营的 IT 企业,它们主要在虚拟的环境下从事经济活动,为消费者、企业、政府等提供各种无形的产品与服务,促进有形商品市场的发展。

网络经济的虚拟性对于人类社会和经济发展具有重大意义。从一个角度来说,虚拟空间以其虚拟性特质超越了现实空间给人们获取带来的限制,在这个虚拟空间里,人们可以获得海量的知识和信息,获得大量的机会和选择,获得大量的经济关系,这为社会发展和经济发展提供了极佳的环境;从另一个角度来说,虚拟性帮助企业和个人,企业和企业之间构造了一个彼此相互连接相互依赖的经济网和组织网,帮助企业减少了经济活动所需要的空间、资本、资源、仓储等,充分节约了经济成本。

第五,网络经济是一种快捷性经济。现代电子信息给世界带来的根本性变革的重要标志就是它缩短了时间、空间的差距。网络经济活动中时、空概念被弱化,从而使主体间联系加强,交易更加快捷,其快捷性主要表现为以下几个方面:首先,网络经济超越了国家、地区等地理界限,将世界各地的交易主体通过网络紧密联系起来形成一个整体。身处于不同国家,信仰着宗教,拥有着不同职业以及占据着不同社会地位的人们,都可以通过这个网络空间进行自由快捷的沟通、进行自由快捷的交易。因此,相较于传统经济,网络经济中交易主体对空间的依赖度大大降低了。其次,网络经济超越了时间的限制。网络经济主体在交易过程中发生的信息传输,以及所有的经济往来都可以快速地、不限时地进行。与传统经济相比,网络经济能够 24 小时无间断地进行交易活动,从而使交易活动能够在更小的时间跨度上进行。再次,网络经济可以被看作一种速度型经济,在网络经济活动中,利用现代信息网络技术,信息收集、处理以及应用等节奏加快,在交易频率上亦明显要比传统经济快。综上所述,与传统经济相比较而言,当下的网络经济无疑是一种高效、快捷的经济模式,在当前这个注重速度的时代,网络经济正以其对市场的高敏度与快捷性逐渐被人们所认同与接受。

第六,网络经济是一种产销直接联系的经济。发展着网络经济正在不断地突破传统经济已经形成的固有化的流程模式,在这个不断磨合的过程中,网络经济亦逐步完成对经济存量的重新分割与增量分配原则的重构,在此基础上,将信息流、物流、资本流之间的关系进行重新梳理与运作,最终使三者之间的关系发生了革命性的变革,压缩甚至取消了一些不必要的中介环节。

同时,网络经济交易能有效的缩近时、空差距,加速交易的进行。通过高效便捷的互联网平台,网络经济主体可以轻松进行交流通讯、信息资料传输、企业贸易合作、银行资金管理以及消费购物等等活动,进而大大弱化了传统贸易中的纸张、运输等有形中间载体的作用。与此同时,网络的发展还使得交易主体间,如厂商与消费者之间贸易中间层减少,他们可以抛开中介进行直接的联系,通过网络交易两端的网络经济主体们可以直接进行信息交流,掌握对方的情况。也就是说,相较于传统经济而言,网络经济的中间层次存在的必要性被弱化,其交易过程与方式呈现出明显的直接性特征。

综上所述,相较于传统经济而言,网络经济的发展已经凸显出了明显的优越性,并显示出强大的生命力。随着网络经济的快速发展,我国的社会经济已经迈上了一个新的台阶。

1.4 传承与创新:网络经济对传统经济学理论的挑战

1.4.1 网络经济对传统微观经济理论的挑战

在传统的微观经济理论中,如资源的稀缺性,边际收益的递减,由供给方导致的规模经济等,这几个基本原理在传统经济中已经得到了验证,但在网络经济时代,这些原理却不再能解释某些经济现象。

第一,边际收益递增。边际收益递减现象在传统经济中具有普遍性。而在网络经济形态中,却主要表现为边际效应递增规律。当然在传统经济中,也有经济活动表现为边际效应递增,但总的来讲,传统经济理论中的边际效应递减规律在传统经济活动中是占有主导地位的。网络经济中为什么会出现边际效应递增并且成为主流规律,我们可以从以下两个方面进行论证。

一方面,网络经济的边际成本是递减的。在传统西方经济学的厂商理论中,经济分析以物质产品为核心资源。我们知道,不论是短期成本曲线还是生产量达到规模经济的起点之后的长期成本曲线,边际成本都呈递增趋势。但是在网络经济中这种分析不再成立。网络经济成本由以下三部分构成:网络建设和维护成本、信息传递成本、信息的收集、处理和制作成本。网络建设完成之后,建设成本已经不再随信息量增加而增加,维护成本虽然递增,但是相对于总成本,在生产大量信息量之后,无论是长期平均成本还是长期边际成本我们都可以忽略,因此我们可以认为,长期边际成本为零。信息传递成本也是如此,它并不随入网人数增多和信息量增大而呈递增趋势,仍然是递减,因此,我们仍可认为也为零,它总体是随信息量的增大和入网人数增多而递增的,但是即便在不考虑技术进步的基础上,信息的收集、处理和制作成本的长期平均成本也是递减的。同样的道理,其长期边际成本也是递减的,因此我们可以认为网络经济的长期平均成本是递减的,其长期边际成本也是递减的。因此随着网络规模的扩大,网络经济的边际成本是递减的。

另一方面,信息的独特效应。信息是网络经济的主要资源,信息的独特效应是网络经济呈现边际收益递增的一个主要原因。出现这种情况的根本原因就是信息具有累积效应、创新效应、连带效应等特征。

累积效应就是信息在被企业主体进行连续投资的情况下,不仅会产生最基本的效益,还会因为其连续性而形成信息的积累,积累起来的信息会继续带来更大的增值效益。换一个角度来分析,单独的一条信息所具有的价值为1,但如果我们利用网络的优势,把处于不同地方、不同主体那里的零散的、无序的同质信息积累到一起,对其进行整理、加工,进而进行分析,当这些经过有目标加工后的信息积累到一定数量后,就有可能发生根本性质的变化,转而变成另一种高质量的信息资源,由此产生更大的效益,那个最初价值为1的信息到这里可能就要变成10,甚至是100了,这就是累积增值效应,它是信息咨询业的产生和发展的基石。比如,某化妆品企业,持续收集该知名化妆产品以及相关产品的价格信息和市场供求信息,并按时间排序,进而利用回归分析系统,就可以预测该化妆产品未来市场的供求情况以及未来的价格发展趋势,从而形成了有关该化妆品的价值更高的信息资源。只有在网络经济时代,这种信息的收集才可能及时准确和完备,也才能实现。

我们再来看创新效应。关于技术创新的研究随着经济发展而不断深入,研究成果也在不断增加。比如,关于某种新产品的研制,某种新的生产方式的获得,某种新的市场的开拓,某个新的生产资料来源的获得,某种新的管理模式的开发等等。但是从来没有一种创新能够像信息创新那样导致巨大的收益递增。

最后,我们来分析网络经济中的连带外部正效应。连带效应就是指对某些商品而言,一个人的需求同时也取决于其他人的需求,某种商品的需求量也取决于与其有互补性的商品的销售量,我们把这个称为连带外部正效应,以信息和知识为生产基础的产品例如计算机、软件、通信器材等,都具有很强的连带外部正效应,这种连带效应更多的来自产品的互补性。

网络经济中的边际成本递减和信息的三大效应造成了网络经济一个显著的特征——边际收益递增。但是我们必须强调一点的是,网络经济中的边际收益递增规律并是与传统经济理论相背离的,任何一个经济形态中都有导致边际收益递增或递减的因素存在,而哪个规律起决定性作用则取决于这些因素效应的叠加。网络经济中由于网络效应以及其他因素的存在,因此就表现为以边际收益递增为主,这也就要求经济学研究要从边际收益递减转移到边际收益递增上来。

第二,网络经济中的正反馈。在经济学中,正反馈是一个对动态的经济过程的描述,指的是在边际收益递增的假设下,经济系统中能够产生一种局部正反馈的自增强机制,这种机制会使经济系统具有四个特征:其一,多态均衡。系统中可能存在两种以上的均衡,而系统选择哪一个均衡则是不确定的、不唯一和不可预测的。其二,路径依赖.系统虽然是多态均衡,但其路径选择则是可研究的,一般来说,经济系统自身前期历史会对均衡状态的选择产生影响,即经济系统均衡路径的选择会依赖的经济系统自身前期历史。其中有可能是微小事件和随机事件影响的结果。其三,锁定。系统一旦达到某个稳定状态就会被锁定而很难再退出。产生这种自我增强机制的根本原因是建立系统的成本过高,一旦建立就不易改变,又假设学习效应、合作效应和预期效应,使得系统逐渐加强和适应这种状态,循环这种过程就导致了系统被锁定在均衡状态。其四,可能导致无效率或者低效率。这是由路径依赖原理中受随机事件的影响导致的,均衡状态很难就是最有效率的均衡。

需要注意的是正反馈并不等于边际收益递增,也不是网络的正外部性所导致的必然结果。在传统经济中,同样存在正反馈,只是基于制造业的传统经济由于边际收益递减和管理组织的先天不足而使得这种趋势在达到能够控制市场之前就消失了。但对于网络经济而言,由于边际收益递增,网络外部性的广泛存在,正反馈以一种更强烈的姿态出现在经济活动中。

在网络经济中,正反馈是以一种更新的、更强烈的形式出现的。其与传统经济最大的不同就是以需求方的正反馈而非供求方反馈,由于网络外部性的存在,需求方正反馈成为主流,与网络连接的用户数量越来越增加,这样就产生了越来越多的直接的、间接的网络效应,用户越多,价值就越高,进而导致规模收益递增。

在网络经济中,由于正反馈的存在,市场中常常充满了暂时性的垄断,如在网络游戏市场中,除了少数几种游戏称得上是长久不衰外,大多网络游戏都是各领风骚数几年甚至几个月。传统市场中,企业的重要性与企业规模有关,受企业规模的限制,受供应方企业经济规模限制的影响,导致市场形成由少数几个制造商控制的寡头垄断局面,网络经济中则依赖于网络用户规模增加的优势形成虚拟的市场垄断地位。在到达某点之后,需求方的规模继续增加,这就是网络经济的正反馈效应。必须强调的是正反馈并不是网络经济的一个优点,相反它是网络经济一个最大的不确定因素。正反馈对经济的影响是无法准确预测和估计的。我们知道由于正反馈的自增强机制很可能导致系统的平衡状态并不是最有效率甚至是低效率的,而且往往导致垄断的产生,导致系统平衡效率的低下,以及不公平现象的产生。

第三,从供给方规模经济到需求方规模经济。我们知道在传统经济学中,规模收益存在不同形式,在规模收益的前提下,收益递增才能在经济学中有一个合理的解释。传统经济学认为,当所有的投入都在按比例提高的时候,全部产品的规模收益就会体现出来,并且将以大于投入增加率的速度增长,换言之,这就是边际收益递增的原因所在。当生产规模已经确定的情况下,按照实际要求的比例分割全部生产要素是无法实现的,因此只能从整体解释为规模收益递增,而无法定量地给出某一个具体的生产要素是否存在边际收益递增现象,但可以肯定从整体而言,在生产初期仍表现为边际收益递增。这样,当产出增加时,固定成本被分摊到每一个单位产出的成本上,这就意味着每单位产出的平均成本在生产的初期阶段是递减的。最终,当生产规模增大到一定程度时,边际收益递减就显而易见了。

在网络经济中,由于网络外部性导致的收益递增会带来一种现象的发生,即如果一个企业卖出的东西越多的话,那么,企业生产出来的产品的价值就越高,从而企业的优势也就越大,收益表现为递增。那么在网络经济中不存在传统经济中所说的管理成本上升的现象吗?答案是当然存在,企业的规模增大到一定程度,总会出现管理效率低下的情况,但是由于网络外部性的影响非常之大,边际收益递增,抵消了一部分由于管理困难带来的成本上升,加上本文前所分析的边际成本递减效应,从而在整体上表现为规模收益递增。由此网络经济发展呈现一个特征,就是拥有高科技的企业之间的聚合程度越来越高,出现了大量的合并、收购、战略联盟等等合作性的伙伴关系,这从一个角度证明了规模收益递增在网络经济中的主导地位。

我们可以借助下表进行理解（网络经济与传统经济的规模收益示意图）。

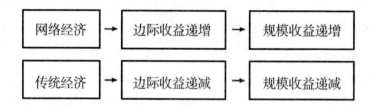

那么，网络经济的规模收益递增是否就是对传统经济理论中的规模收益递减的一个完全否定呢？从上述分析过程我们可以看到，传统经济学中的收益递增或递减的规律都是建立在供给方的基础之上的，而网络外部性带来的收益递增规律则是对需求方的讨论，称之为"供应方规模经济"。而在网络经济中则出现了不一样的情况，规模收益递增规律是从消费者的需求对收益的影响出发进行讨论的，我们把它称为"需求方规模经济"——由于需求方即网络外部性的存在而导致的收益递增。在网络外部性表现并不明显的传统经济中，供给方对收益的影响是经济中的主要因素，而在网络外部性极强的网络经济中，需求方代替了供给方的地位，对收益的影响成为经济活动中的主要因素。无论是在传统经济中还是网络经济中，供给方和需求方对收益的影响都是存在的。因此，我们可以认为，需求规模经济并不是对传统经济理论中的供给规模经济的否定，两者是并存的。但是随着网络经济的主流化，经济理论的研究重点应当关注需求方规模经济。

第四，网络经济对交易费用理论的挑战。交易费用是价格机制运行所必然产生的成本，它"可以看作是一系列制度成本，包括信息成本，拟定和实施契约的成本，界定和控制产权的成本，监督管理的成本和实施契约的成本。简言之，包括一切不直接发生在物质生产过程中的成本"[①]。现代网络技术能有效地帮助企业实现交易成本的降低。

首先是降低了企业的内部交易成本。企业管理的数字化加快了企业内部网的建立，建立了扁平化的企业组织结构，使得组织内部部门之间可以即时随时传递信息，随时互动交流，实现生产、批发、零售的联网管理，不仅降低了管理成本，而且减少了各组织部门之间的无效率管理，充分提高了企业效率。

然后还降低了企业的外部交易费用。传统经济下的市场存在着一些与生

---

① 约翰.伊特韦尔等.新帕尔格雷夫经济学大辞典[M].北京:经济科学出版社,2000: 58.

俱来的缺陷而导致企业的交易成本的增加,比如占地面积大、市场管理费用高、资源配置上的滞后等带来的成本。网络经济的发展带来了网上市场即网络虚拟市场的产生,虚拟市场存在许多优点有助于企业降低外部交易费用。其一,虚拟市场具有信息及时性与准确性的优点,这为企业节省了时间等成本。信息网络的快速性和准确性为市场主体在极短的时间内迅速完成对信息的收集、处理、加工和分析工作提供了重要保障,极其有利于信息资源和物质资源的有机结合,使二者之间产生最大限度的"互补效应",使得企业与企业之间、企业内部的交易方式及交易成本发生了根本性的变化,创造了一个全新的企业生存和发展环境。对于消费者而言,信息网络带来的便捷性和信息的全面性也帮助消费者节省了许多因获取信息而发生的费用。其二,虚拟市场具有提高企业资源利用效率的优点。传统经济环境下的相对封闭性以及资金和技术局限,使得企业不可能在大范围内有效收集用户信息,很难对其进行全面分析,更是无法针对用户的个性化需要提供定制服务,因而很难实现面对不同市场、不同消费者实施有针对性的营销策略。现代信息网络环境下则不然,企业可以通过现代信息网络,以相对比较低的成本,极其广泛地、有效地采集用户信息,可以根据信息分析出用户的个性化需求,根据分析制定并实施针对性的营销策略,为有需要的用户提供个性化服务。这样的成本明显地要低于传统市场下的运作成本,实现用相对低的成本而能够为更多的消费者服务。我们在一定范围内开拓出了本土性特征的"特殊款式"的客户,但是,当这些本土性的"特殊款式"放到网络市场上,尤其是放到全球范围的市场上去的时候,就会被集结起来,成为"批量"的也是"常规"的客户。"批量"的客户一旦明确,批量的产品生产也开始了,规模经济的模型以及由此带来的规模效益也基本形成,然后就需要完美的电子商务平台的配合,发达和完善的物流体系的支持,网络经济演化出的完全竞争成为了最有效率的市场模式。其三,虚拟市场具有在虚拟空间力实现办公,减少了物理空间的场地租用费用和场地管理费用。与传统市场需要大块场地和由此衍生的巨大的管理费用不同,极大地突破了现实世界的时空限制是现代信息网络的基本特性,信息在网上的传送十分迅速、便捷,时空差距不再是网络世界的障碍,网络极大地降低了时空成本。其四,虚拟市场具有交易过程方便快捷的优点。依靠先进的网络技术,市场交易过程被简化,交易过程的简化带来了市场中介组织的消解,为交易过程方便快捷提供了条件。其五,可以低成本地进行准确的统计与分析。传统经济环境中的统计与分析相对比较困难,其基本原因在于基础信息上的困难,比如信息收集不方便,收集的信息还存在真伪的问题,存在片面性的问题,这样就不利于我们对经济行为进行准确的统计分析,没有准确的统计分析就会影响战略目标的制定。虚拟市场在这方面就具有一定的优势,网络环境下,现代信息技术是虚拟市场的基础,现代信息技术为信息搜集的方便、准确和全面提供了保障,成为统计分析的可靠数据,也就成为决策层科学决策的依据。

因此,我们可以认为,网络经济的发展突破了传统经济理论中的交易费用理论,经济学关于市场交易成本和企业内部交易成本是两种作用、方向正好相反的交易成本的看法,形成网络经济新的交易成本论。

1.4.2 网络经济对传统宏观经济理论的挑战

网络经济作为一个新的经济形态出现,对传统西方经济学中的某些宏观经济理论提出了挑战。

第一,网络经济挑战传统经济衡量模式。在传统经济理论看来,无论是经济自由主义还是政府干预主义,其最终目的只有一个就是追求"利润最大化"。认为国内生产总值和国民生产总值是作为衡量社会总产出的两个重要指标。从生产总值衡量指标来看,其侧重的是已经进入市场交易的商品,还包含有服务的价值,这种度量的特点在于,它仅仅是加法性的,首先无法把计算上的增加与有效产出的减少明确相区别开来,其次也没有办法把计算上的减少与总效用的乘数效应明确相区别开来。如烟草工业一方面为国家提供了大量的税收收入,同时由于烟草的副作用造成了人身的损害,使得人们不得不为此付出巨大的医疗和保健费用,而这些费用也被加入了生产总值中去,生产总值提高了,但是国民生活水平却有可能下降,这对人类的长久生存而言并不是有利的。在网络经济时代,由于网络外部性的存在,信息网络技术的大量使用增加了社会福利,减少了对原始资源的消耗,提高了人们的生活水平,但这些无形的福利提高和成本的降低在传统社会是无法体现的。

要适应网络经济的发展的话,就必须建立一个新的经济衡量模式。新的衡量模式应该具有以下特点:一是体现成本降低带来的乘数效应。网络被广泛应用的价值就在于,信息的传递成本得到大幅度的下降,更为重要的是,这些因为下降而减少的成本,并不是不带来效应,而是被应用于其他方面时带来的经济收益造成了乘数效应,新的衡量模式应该充分体现这些乘数效应。二是体现网络外部性带来的生活水平的提高。人们的沟通越来越容易得益于网络的快速发展,具有共同爱好的人能够更轻松地聚集在一起。软件和娱乐产品的共享带给人们更多新的休闲途径和新的生活方式,促进了人们生活质量的提高。我们把经济发展的原则定位为以人为本,那么,人们实际生活水平的提高就应该是宏观经济衡量模式的一个指标。三是体现资源消耗减少带来的环境改善。网络经济的发展使得经济发展对原始资源的消耗减少,从而在网络经济时代,自然环境的改善就成为可能。环境改善对人类生活质量的提高和人类的可持续发展的意义是不言而喻的,新的宏观经济衡量模式中应该充分体现网络经济带来的环境改善。

第二,菲利普斯曲线在网络经济中的有效性探讨。英国经济学教授菲利普斯于1958年第一次提出菲利普斯曲线。他在对英国1861—1957年的历史资料进行深入研究的基础上,得出一个结论,即在货币工资变动率与失业率之间存在着一种稳定的负相关关系。在菲利普斯研究的基础上美国著名经济学家萨缪尔森和索罗建立了一个成本加成的价格方程,把菲利普斯曲线用来表示通货膨胀率与失业率之间的关系。在这个方程中,假设劳动生产率增长率不变,再结合最初的菲利普斯曲线的关系式,就得出了通货膨胀率与失业率的负相关关系。整个60年代的经济发展实践验证了菲利普斯曲线。但是70年代出现的"滞胀"现象,打破了该曲线所描述的通胀与失业之间简单的替代关系的描述。在这样的背景下,弗里德曼等货币学派经济学家对早期菲利普斯曲线进行了修正。

简单说来,菲利普斯曲线是一条从左上方向右下方倾斜的关系,它说明的失业率和通货膨胀呈此消彼长的动态性交替关系,即较高的失业率对应较低的通货膨胀,较低的失业率对应较高的通货膨胀。但是,网络技术发展带来的网络经济使得这条曲线受到了实践的冲击,这冲击首先发生在美国的新经济中,网络技术源于美国,网络经济也是在美国最早得到发展,它在为社会创造财富、刺激经济增长的同时,也为社会创造了大量的就业机会,帮助美国的失业率降低到历史最低位,把这一现象放到菲利普斯曲线中来看的话,经济运行态势处在通货膨胀率与失业率关系图中的左下方,并且不呈任何对应或替代关系,这就说明,菲利普斯曲线被自由市场的网络经济所打破。

综观菲利普斯曲线的产生过程,我们认为确实在某种程度上已经代表了一个经验规律,这个经验规律确实以某个国家某段时间的统计资料为研究的基础上得来的,但是,如果以此而把这个规律推向任何其他国家的话,难免会出现一些意想不到的问题,对此,有些经济学家曾对菲利普斯曲线的有效性也表达过怀疑的观点。从菲利普斯曲线的内涵上说,应该把它理解为失业率和通货膨胀率之间的动态变化的关系而不是简单的短期替换关系,那么,通货膨胀率和失业率之间的关系就存在多种形式。外部经济环境的变化会促使曲线向上或向下移动,发生多种变形,就可能出现低通货膨胀率和低失业率并存的现象。从这种动态的视角理解菲利普斯曲线,那么目前关于其有效性的争论都可以归结到经济环境的变化上。从这个角度说,菲利普斯曲线本身并没有失效,只是网络经济的冲击使得其失去了存在的前提和环境,从而表现形式也发生了变化。

我们来分析网络经济中菲利普斯曲线形式的解释。20世纪50年代美国经济菲利普斯曲线形式,很大程度上源于网络经济的冲击。在传统工业经济时代,市场主体利润最大化的实现是建立在尽可能多地利用自然资源的基础上,这种尽可能多地利用自然资源的方式带来了以消耗自然资源的经济增长方式,自然资源的不可再生属性决定了这种经济增长方式的不可取性,也就决定了这种经济增长模式下的经济发展具有不可持久性和不可稳定性。网络经济的到来改变了这一切,改变了经济的增长模式。网络经济增长模式的特质在于降低市场主体对自然资源依赖程度。网络经济赖以发生和运行的基础是网络、信息和高新技术,这些要素的充分应用使我们彻底变革了传统模式下的大规模开发利用不可再生的自然资源,而是把目光转向了那些已然存在的,而且是无比丰富的信息资源,利用这些信息资源来提高市场资源的配置效率,于是,市场主体对自然资源的依赖性得到了极大的降低。与此同时,计算机等高科技的广泛应用,也使得网络经济对原材料和能源的依赖程度开始降低,并且,知识和信息具有低成本的无限复制的特性,这个特性带来了边际收益递增的效果,彻底打破了传统经济的资源依赖经济增长模式。在这种模式下,我们可以获得长期的而可持续的经济增长效果,这种可持续的经济增长效果带来失业率下降,是不会带来通胀率的上升的。从动态的视角理解菲利普斯曲线,其实并不存在菲利普斯曲线在网络经济环境下无效的问题,从信息技术对就业的影响、对通货膨胀的抑制作用、对竞争和总供给的作用等方面也可以得到解释,而这些因素都可以从网络经济的内部找到。因此,我们可以认为,菲利普斯曲线在网络经济中并非完全失效,但是我们必须从动态的角度进行分析,并且对菲利普斯曲线的前提进行修改,菲利普斯曲线在一定程度上仍然可以反映宏观经济中失业率和通胀率的关系。

第三,网络经济中的反垄断理论。传统经济学理论中的垄断给市场带来的最大危害主要体现在,垄断企业通过限制产品产量,将价格制定在边际成本以上从而获得超额利润。产品价格等于边际成本是社会资源充分利用的标志,因此垄断就表示一部分社会资源未被有效利用。因此传统反垄断理论中,通过政府管制,迫使垄断企业提高产量是一个经常利用的手段。但在网络经济条件下,企业达到垄断的手段是依靠产品自身的品质个性和正确的市场策略,而不再是限产提价。

作为政府来说,保护市场竞争是其反垄断的根本出发点,也是其根本目标。因为从根本上来说,竞争既有利于经济增长,也有利于维护消费者利益;而且,竞争是加速通过市场来优化资源配置的一个很优化的手段。但是,如果政府不进行有效调控的话,竞争过程非常容易导致市场结构的突变,还可能带来个别垄断集团实现对市场的完全统治的现象,使得这种统治将一直持续到新的竞争者的出现,通过新竞争者的进入来打破这种市场个别统治的局面。网络经济的外部性和正反馈的存在,使得这种情况就更容易发生。垄断在网络经济条件下的产生和表现形式日益复杂,因此,网络经济中的反垄断理论在研究市场垄断问题的时候,一定要深入调查研究,不能只看事情的表面现象,要善于透过复杂的表面现象抓住问题的实质。首先,要弄清楚垄断产生的具体原因。要对垄断企业进行深入调查和分析,看看垄断企业是采取了什么样的手段或方式使之占据了垄断的地位。有的垄断企业是凭借自身的产品优势占据了垄断地位的;有的垄断企业是采用了反竞争手段使之占据垄断地位的。其次,判断垄断的根本标准还是看这种市场行为对消费者的福利影响。如果一种表现为垄断形式的市场竞争行为并没有损害消费者的福利,甚至还有利于福利的增加,那么就不能对这种竞争行为采取反垄断措施。当然消费者的福利水平的衡量是一个棘手的问题,标准不同,结论也就不同。因此,这也是网络经济研究中一个比较难解释的问题。对于比较复杂的市场垄断行为,一定要进行深入调研进行深入分析,比如,要以市场规范为标准来对市场垄断行为进行区分对待,要针对具体的垄断问题采取有针对性的措施,千万不能犯以偏概全的错误,否则会影响市场经济的正常运行。

政府在采取反垄断措施时还必须注意几点:第一,对于市场失灵的现象要有准确的认识,上面已经分析过,贸然采取措施只会妨碍市场的正常运行。第二,管制的最终目的是促进竞争并最终取消管制,逐步使垄断市场转为竞争市场,但这个过程必须是渐进有序的,否则就会引起市场秩序的混乱和新垄断的产生。第三,反垄断的具体政策执行不宜太过具体,最好集中对价格、质量、互联等几个方面进行政策性指导和管制。

第四,网络经济改变传统经济增长理论。经济增长理论是有关于国民经济生产能力,国民生产总值增长的因素、条件、途径、方式、后果等有关问题的理论研究。在传统经济增长理论中,主要生产要素是土地、劳动和资本,经济服从于成本递增、收益递减规律,网络经济下的经济增长现实与之发生了尖锐的矛盾。

在此基础上,网络经济中促进经济增长的要素多了两个:一个是信息,一个是知识资产。而信息在其中尤其占据核心地位。较高的开发成本和较低的复制成本及较高的固定成本和较低的边际成本是信息的两个重要特性,这特性决定了它与传统要素稀缺性特征本质上的区别,它们导致了信息具有明显的正外部性,可以通过溢出效应,在几乎不增加额外投资的情况下反复利用,从而减轻了资源利用对经济增长的压力,这是它不同于传统要素的典型特点。因此,当人们把新经济的经济增长模型拿出来讨论的时候,一定要把信息作为一个不容忽视的、独立的内生变量来对待,要对原有增长模型的要素结构进行修正。信息的这些特性在传统经济那里无法得到充分的体现,只有可能在网络经济时代才会充分发挥出来,网络的外部性为信息复制和传递的低成本提供了保障。我们以主流经济学中关于经济增长限度的"零增长"理论为例来进行分析。"零增长"理论的主要含义为,人口增长、粮食供给、资本投资、环境污染和能源消耗等五大因素决定了经济增长与否及增长的程度,五要素相互联结而形成"反馈环路"。再结合运用电子计算机数据运算的结果,该理论得出结论:人口和工业保持指数增长,但资源尤其是非再生性资源储量有限并且枯竭,逐渐成为增长的约束,导致工业增长速度减慢,环境污染严重阻碍经济增长,人口虽然增长,但是由于食物短缺和医疗卫生条件恶化,死亡率上升,人口增长停止,即出现"零增长"。"零增长"理论对传统的高消耗、重污染的工业增长模式提出了批判,但其没有进行深入思考解决方法,也没有预见到,网络经济会以一种超越传统工业经济的经济形态的身份出现在人类历史中,由此彻底改变着我们传统的经济增长模式。西方术界对"世界末日模型"提出了许多批判,但在 90 年代以前,由于经济现实的限制,理论上的反驳显得苍白无力。网络经济的出现昭示出了经济增长的光明前景,从而使反增长理论不攻自破。在当下,网络技术和生物技术的开发和广泛运用为经济的发展乃至人类社会的进步展现了更加光明的前景,因为,除了有形的资产、资源之外,人类还形成、积累了丰富的无形存在的知识资产。人们在消费这些无形知识资产的时候,提供了技术效率,使得单位有形资源产出增加。并且,在生物技术被广泛开发运用过程中,制造了大量的替代品,这些替代品抵补了有形资产的消耗,这就是知识资产的形成、积累和应用带来的效果,使得人类可以支配的资源在量和质上都有了提高,因而形成新的经济增长动力。因此,我们可以认为,在网络经济时代,由于知识和信息的外生变量内部化,传统经济理论不再适用。

第五,网络经济模式挑战传统的宏观调控政策。网络经济下,经济主体及其行为的网络化,既对传统的宏观调控理论提出了挑战。

我们先来看"市场失灵"说。"市场失灵"的产生本质上是信息不对称导致的结果。完全竞争条件下的"市场失灵"是市场固有机制的局限性导致的,属于市场经济运作中正常的信息失灵;不完全竞争条件下的"市场失灵"是市场参加者无法完全实现与消费者之间的信息有效交换导致的,所以从本质上来说,二者都是信息不对称导致的。因此,在一定时间内、一定价格相对固定的情况下,那些具有信息优势的市场主体受自我利益最大化的驱动,会采取主动行为来影响未来价格,并因此牟取高利,这样就带来了一个结果,即无法实现所有市场参加者的行为都是竞争性的,进而导致"市场失灵"。

我们再来看看"政府失灵","政府失灵"的原因是什么呢? 首先,政府没有代表公共利益导致"政府失灵"。从理论上来说,政府一定是要代表社会公共利益的,但有的时候政府以经济人身份存在,其行为目标就有可能会和社会公共利益不一致,甚至与社会公共利益背道而驰,由此出现"政府失灵"。其次,传统政府机构因为组织结构等存在效率问题,带来了"政府失灵"。再次,政府没有办法掌控实时的经济信息,因此在做出决策的时候,优势会落后于经济的发展,由此带来"政府失灵"。总结起来说,导致"市场失灵"与"政府失灵"的共同原因在于信息因素,在于市场和政府都没有做到对信息的完美掌控和适用。

在网络经济形态下,政府的宏观调控政策通过网络技术可以成为克服"政府失灵"的有效手段。它不仅可以提高政府的工作效率和效果,更重要的是可以使人们更多地参与决策。网络经济的不透明性与虚拟性既有其优越性,但同时也使得非公平竞争和垄断有了一定的发展空间,如果不能对此进行强有力的控制,就有可能出现共谋性市场操纵与过度市场垄断,因此,政府利用网络技术,帮助处于生产与信息优势的市场进入者,在信息超载的市场上取得绝对性的竞争优势,同时通过充分发挥政府宏观政策的调控手段,把新的生产者和技术阻挡在市场之外,这样便可以较好地克服信息因素带来的"失灵"现象。

1.4.3 网络经济理论是对传统经济理论的继承和革新

经济学理论总是对应相应的经济发展水平,从而对经济运行情况进行预测或者归纳,在某个时期可能超前或者落后与经济水平的发展状况。从亚当·斯密发表著名的《国富论》以来,传统经济学理论经过了多年的发展,已经成为一门比较成熟的科学理论体系,许多理论在经济发展中已经得到了验证,并且在今后的经济发展中仍将具有重要的指导意义。

首先,网络经济的某些理论特征是对传统经济理论的丰富。比如资源的定义,网络经济中资源不仅仅是物质财富,信息和知识构成的无形财产也构成了资源的重要组成部分。

其次,某些理论特征在传统经济学中已经有反映,只不过是在传统工业经济和网络经济中侧重点不同。关于边际收益,网络经济中的递增也是可以从传统经济学中推理出来的。需求方规模经济也是如此,在传统经济中,边际收益递减等系列特征导致了规模经济以需求方规模经济为主,而在网络经济中则表现为以供求方规模经济占主要地位。这就导致了经济学某些研究领域的研究侧重的转移,但显然不是对传统经济理论的否定。

再次,某些理论突破了传统经济学理论的某些限定,我们可以认为这是对传统经济学的革新,但绝不是革命。前面已经讨论过的交易成本理论就是如此,网络经济表明,经济现实已经突破了深度分工必然伴随交易费用递增的局限。同样,在宏观经济方面,菲利浦斯曲线和周期理论在网络经济中仍是可以使用的,但由于前提已经改变,因此必须对研究方法加以改变。

当然,网络经济作为一个新型的经济形态,其自身也要求一些经济理论的重建,如经济增长理论和宏观经济衡量模式,以及政府政策制定方面需要做出一些比较大的改变等等。

总的来说,我们可以认为随着网络经济的发展,经济理论也必将随之做出改变。网络经济的理论特征在挑战传统经济学理论的时候,并不意味着其对传统经济理论的全盘否定,而是在传统经济学理论的基础上进行改革和创新。

1.5 多样化的改变:网络经济对当下经济的影响

网络经济对当下经济的改变是多方面的,既给我国的经济发展带来了机遇,也带来了挑战。

1.5.1 网络经济对当下经济发展带来了改变

第一,网络经济使虚拟企业得以形成。我们现在所称的"虚拟企业"最初称为"虚拟公司",最早出现在1991年的一份题为《21世纪的生产企业:工业决定未来》的报告,这是美国利海大学的艾科卡研究所向国会提交的总结当时代世界上成功企业的创新思维的报告,在报告中,研究所充分融合了当时代最近的信息技术成就,构想出了一个被称为"虚拟公司"的新型企业。除了与传统企业考虑的以市场需求为导向,以核心能力为基础之外,这种"虚拟公司"的基本特质在于"以信息网络为依托",由此便诞生了我们现在所说的虚拟企业。

　　虚拟企业由一些独立的厂商、网络消费者、政府等市场主体构成,通过信息技术联结而成的临时网络经济组织,其目的是在共享技术和资源的基础上,实现分摊开发费用,快速满足市场需求,实现利益相关者的利益最大化。与传统企业相比,虚拟企业具有以下显著特征:其一,独立联盟,没有物理空间上的限制。"独立联盟"的特质表现在三个方面:一是虚拟企业是因共同目标而联盟在一起的。二是虚拟企业是非法人经济组织,构成该组织的成员是独立运作企业,虚拟企业之间地位平等。三是各成员企业可以不局域于一家虚拟企业,而是可以成为不同的虚拟企业的联盟者,而且,其产权关系不需要发生变动,"突破物理空间"指虚拟企业依靠电子网络手段联系和运行,是一个超越物理空间约束的组织。其二,目标明确,彼此之间形成优势互补的关系。"目标明确"指虚拟企业的目标有着非常明确的指向,其联盟的形成是基于某一个特定的任务而发生的。比如,其目标指向为开发一种电子产品,那么,它们之所以组合在一起,仅仅就是为了研究、生产这种电子产品,一旦电子产品开发任务完成之后,该虚拟企业就自然分开,仍然是联盟之前的独立企业。当有新的共同目标的时候,这些独立的企业又会通过网络平台寻找新的合作伙伴,这样便产生了一个新的虚拟企业。虚拟企业就是在如此循环往复中呈现出它的生命力。"彼此之间的优势互补"指虚拟企业是在各成员企业核心能力优势互补的基础上形成经济组织。面对为了实现的那个共同目标,各联盟企业都选择对于自己来说是最有竞争力的业务,而放弃那些对于自身来说是劣势的功能或环节,将其外部化,由其他在这些功能或环节上占有优势企业去完成。其三,柔性组合,反应速度非常快。虚拟企业的柔性和快速特征都源于网络的柔性与快速,企业的组合、企业需求的变化不是僵化的,是可以借助信息网络的支撑,根据市场的变化而及时变通。其四,组织分散,结构扁平。虚拟企业工作团队的组成是由一些以任务为中心实现的,这些团队及团队的成员有可能分散于世界各地,他们之间的沟通与交流是依靠信息网络来实现的,这是典型的扁平式组织结构。灵活、快速、高效是扁平式组织结构的优势特征,因此,在扁平式组织结构的网络管理能够充分发挥个人能动性,大大降低多层结构的运作成本。其五,文化整合,相互之间要有一定的信赖度。一方面,组成虚拟企业的成员企业来自不同的文化背景,有其自身独特的价值观念,也有其固有的行为方式;另一方面,这些成员企业的组成是基于共同的目标而来的,彼此之间是一种非命令型联盟关系,成员之间不存在强制性的上下从属关系,从本质上来说是一个相对松散的组织结构,要使具有这些相对松散的甚至存在文化冲突的企业成员有效地组合在一起,成功地完成一个单一的共同目标的话,各个成员之间就必须进行文化融合,增加彼此之间的信赖度。

第二,网络经济使企业管理模式及组织结构发生了重大变化。网络经济使企业的经营环境发生了重大变化。以信息技术、软件技术和网络技术为核心的网络经济从根本上改变了企业的经营环境,迫使企业必须重新思考其经营理念、经营目标和经营战略。因此,也必然带来企业的组织结构的重大变革。传统的企业组织结构已经无法适应网络经济的发展,企业组织结构朝扁平化方向变革已是一种必然成为基本趋势。网络经济也在影响企业的成长模式的变革。企业要想在今天的世界市场上生存,必须寻找新的企业生存发展模式——各种形式的企业联合或联盟。

第三,网络经济使金融实现网络化和电子化。金融网络化和电子化成为金融发展的时代潮流。网络经济带来金融的彻底电子化。网络超越时空限制的特征使金融业一方面也超越了空间的限制,任何人都可以通过计算机终端和覆盖全球的互联网,在全球的地点从事金融交易,真正成为一种超越国界的金融业;另一方面,金融业超越了时间的限制,金融业可以通过计算机终端和覆盖全球的互联网实行 24 小时全天候的营业。网络经济加速了金融业的激烈竞争。金融业之所以要不断创新新产品,根本原因在于网络经济下的竞争性,这是一个相辅相成的关系,同样可以看出,网络经济下的金融业的竞争已经不再是网点多少、资产规模,而是金融服务、金融产品、金融理念,及其所蕴含的知识信息之间的竞争,这种要素的竞争性更为激烈。

第四,网络经济使世界贸易发生了重大变化。网络经济将进一步加快全球贸易的增长,因为网络化对上述世界贸易增长的五大因素都将产生巨大作用。网络化将进一步推动全球范围的产业分工,网络化将把全球金融服务业连为一体大幅降低金融服务的成本,并为贸易融资创造更方便快捷的工具。信息网络化把通信成本几乎降到零的水平,伴随网络化的电子商务将大大节约产品信息搜寻、订货、贸易清算等贸易过程的成本并大幅度缩短贸易时间。

第五,网络经济对经济增长和经济结构调整的促进作用。网络经济在国民经济中所占的分量呈现不断增加的趋势已经非常明显,网络产品的质量亦呈现不断提高的态势,但产品价格却有明显下降趋势,由此极大地促进了经济增长。

网络经济也推动了经济结构的调整,使得经济结构的重心向附加值较高的信息网络产业演进的过程。高科技的发展使其在制造部门的应用不仅极大地提高了工业加工的效率,创造出更多财富;而且还解放了一部分员工,为他们流向获利更多的服务业部门创造了物质技术前提。信息网络化和信息产业的高增长,高辐射性必然推动传统制造业升级和发展,从而加快了整个国民经济产业结构高级化进程。

1.5.2　网络经济为我国经济提供了良好的发展机遇

第一,作为网络经济的技术基础,网络为我国形成新的商业新模式提供了动力。一般来说,现代企业的发展离不开几个重要因素,即灵活的信息来源、高素质的人力物力资源管理、政府的发展政策扶持和公平的市场竞争环境等多种因素为基础,在此基础上形成固有的商业运行模式,而网络为这个模式注入了新的活力。其具体机制为:网络构建了一个开放的、共享的、海量的信息库。信息库中的资源可以来自个体、也可以是来自组织,人们既可以向信息库提供信息资源,也可以从信息库力获得自己需要的信息资源。对于企业来说,完全可以通过这个信息库获得满足企业需要的信息,比如,在这个信息库里,企业可以寻找自己所要关注的运营方向,可以通过信息库中的资源实现在人力、物力的资源调配上的最优化。在这个过程中,产品的市场也发生了巨大的变化,从原来的区域性市场而变化为全球性市场;企业的整个运营速度也发生了变化,从产品的生产、推广及交付的方式等等都呈现出前所未有的快速,而这些都是依赖于网络的推动而带来的结果。

第二,网络经济促进了我国产业结构的大调整。网络经济的快速发展呼唤传统产业结构的变革,政府和企业都必须面对网络经济带来的冲击对如何调整产业结构进行深入思考。从目前网络经济发展的情况来看,它对我国产业结构变革带来的冲击表现为,通过打破产业结构原有的行业性、地域性界限,形成企业的协调统一的发展局面。打破行业性和打破地域性在原有的产业结构中几乎是无法是完成的,网络通过它独有的优势力量,破解地域的距离,也消解了行业的距离。

网络经济推动产业结构的大调整主要表现在:其一,第四产业已然兴起。第四产业即是依托于现代信息技术而产生的一种新型产业形式,第四产业提供的主要产品是信息。随着信息服务的迅速发展及人类经济活动的日益网络化，第四产业开始超出其他产业物质资料再生产总过程的范围，已经明显在取代增长速度放慢的以汽车、石油、化工、机械等为代表的传统产业，正发展成为国民经济的支柱产业和新的经济增长点。其二，网络经济向传统产业内部渗透，与传统产业寻求融合点，为传统产业的技术层次上的升级提供了极有力的技术支撑，促进了传统产业信息化的发展，还使得传统产业内部呈现出高科技化的特质。经过网络经济渗透的产业的发展速度明显要快于传统产业的发展。其三，信息、网络产业与传统产业的融合。比如传媒业、金融证券业、零售业等。其四，生产要素的投入结构和趋向发生重大变化。在信息、网络技术产业化和传统产业信息化的背景下，许多产业的高技术人才流和大量资本均流向信息、网络产业，信息、网络产业的发展吸引了越来越多的就业人员，并表现出不断的增长趋势。

第三，网络经济使得我国经济与世界经济之间的联系更为紧密，也更为全面。毋庸置疑，明显的事实已经呈现在我们面前，那就是，网络经济带来了全球各国之间相互的快捷联系，且非常方便和有效，全球的各种信息交流正在以传统社会不可比拟的速度在进行，资源共享的广度和深度也同样表现出了对传统的突破。我国作为一个文明古国，作为一个可以为世界提供大量信息资源的国家，也正因为网络社会的到来而走向世界，缩短了和世界其他国家之间的距离。我们以庞大的市场拥抱世界各国经济、文化的交流，我国众多的网络消费群，为世界市场充实了力量，为世界呈现了一个充满能量的经济市场。当然，世界也为我们展开了一个充满诱惑的市场，这种通过网络的全面联系拉近了我国和世界的联系，缩短了彼此之间的差距，极大地改变着世界各个国家经济合作的方式。国际贸易、国际金融和国际投资的运行正在快速网络化。

同时，网络经济对经济全球化的进程带来了改变。网络经济的开放性以及全球在线人数的迅速增加，打破了时间和空间上的距离，突破了地区和国界的限制，从而加速了经济全球一体化趋势。网络经济的发展带来世界各国之间经济的依存程度越来越深，相互之间的影响度越来越大的结果。互联网通过其高速和高效的传递、存储、交换信息的技术和能力在国际间加速了科学知识、新技术、新产品的实时交流，资本流动几乎可以在瞬间完成。这必然就会促使各地区、各国家对传统相对封闭的产品分配和交换方式进行改变，而产品分配和交换方式的改变，又直接影响到生产方式和结构的改变，这改变朝着网络经济中所形成开放的经济全球化格局的方向进行，于是，在网络经济的进一步快速发展的背景下,经济全球化的进程将以更快的速度向前推进。

网络经济对经济资源全球化分配带来了影响。网络经济一旦形成并开始运行之后,互联网具有的财富将在全球范围内进行重新分配,传统经济下形成的权力秩序将被冲击,网络市场中的财富中心将被信息和资本所决定,形成新型的信息中心和资本中心,权力秩序的重构亦是如此。

于是,衡量一个国家在经济中所处的地位,在市场中占据的状况,就要看这个国家是否在网络经济中有极高的参与度,是否在网络经济中有极好的发展度,是否在网络经济中有极强的控制度。从现实情况我们可以看到,发达国家在这方面仍然是占有发言权,因为它们尽快地适应了网络经济的发展,战略调整转向了信息化,掌握了经济全球化的主动性权,这帮助它们能够实现其在全球产业链中的位置,使得它们占据了网络经济的上游产业为主,这种状况的保持使帮助发达国家在财富流向上具有主动权,在权力秩序重构中也依然占有主导地位,在全球资源的分配配置具有话语权。而对于经济欠发达国家来说,由于现代电子信息技术的不发达,传统的战略威胁演化为新的战略威胁。

网络经济对全球经济发展平衡性带来了影响。网络经济的产生源于美国,随之发散至发达国家和地区,并得到了迅速的扩展也得到了迅速的发展。由于网络经济是一国生产力发展到一定水平而产生的,而发展中国家的生产力水平较发达国家低得多,因此形成了网络经济的差别,比如通信手段上的差异、互联网拥有量上的差距、在线人数上的差距、内容上的差异。网络经济的"马太效应"揭示出:发达国家和发展中国家的网络经济收益将会越拉越大。网络经济扩张的"梅卡夫定律"告诉我们,网络收益会随着用户增长而呈指数增长趋势。随全球网络用户的迅速增加,网络经济的收益将大幅度提高,全球经济也会因为网络经济的到来而产生巨大的变革,并得到迅速发展。

1.5.3 网络经济对我国经济发展带来的挑战

对传统思想观念的挑战。网络经济的到来意味着信息、产品等的无国界化、无地域化,对传统经济的地域性特征带来挑战;网络带来各种信息的公开化和透明化对传统思想观念的保守型特征提出了挑战。所以,如何从理念上提升对网络建设重视的程度,如何从手段上、方式上重视对信息资源的收集与存储,如何从思想上重视应对网络经济给传统思想带来的挑战,是跟上现代网络经济发展步伐的必行之举。

对商家信誉的挑战。从根本上来说,无论传统经济还是现代经济,讲求信誉是经济行为中必须遵守的规则。网络经济的发展给当下经济发展中的信誉带来的挑战主要是：其一，网络经济的无地域性、公开透明性对商家的信誉提出了更高的要求。其二，信誉度成为商家极为关注的要素，并把信誉度纳入竞争力的范畴，给予充分的重视。比如，淘宝网站上的注册商店都有信誉度及服务的评价栏，既给买家提供了商品反馈的平台，也成为其他顾客评判商品及其服务质量的参考，由此也成为商家是否具有竞争力的一个表现。因此，网络经济下商家的信誉比之传统经济来说更具评判力——信誉度好的商家就能占领市场，信誉度差的商家很容易就被市场淘汰。

对物流体系的挑战。物流在网络经济市场中是一个不可或缺的重要环节，在电子商务充分发展的环境下，物流的水平的状况几乎可以决定一个市场的运营效果。物流涉及的渠道比较烦琐，一件产品要从生产出货，到包装，再运输，再到物流网点，最后到达用户手中，多个环节之间必须是相互配合，任何一个环节的脱节都会导致商品流通的失败。先进的网络化物流体系必须充分分析货源的分布、规划如何配送、研究怎样才能让运输成本最小化，研究如何构造适应网络经济快速发展的物流体系。所以，现有的物流企业如何将网络化作为最重要的支持手段来实施物流体系的优化，是物流体系要适应网络经济必须解决的问题。

网络化对信息基础设施建设的挑战。离开了信息基础设施，网络化将无从谈起。在信息基础设施建设已经飞速发展的网络经济背景下，信息基础设施建设在某种程度上已经成了衡量国家网络化建设水平状况的重要标志。目前，我国的信息业务发展，在市场中占据了一定地位，但放到我国庞大的人口基数中去，其比例还是比较小，其完善和发展的空间还很大，特别是在经济落后的乡村，网络载体是帮助农民把农村储存的农业产品运送到市场的重要的便捷途径，鉴于此，国家就必须花大力气加强乡镇网络建设，加大力度推进信息基础设施建设，事实上，我们国家已经迈上了这一步，正以最快的速度在加强乡镇和农村网络基础设施建设。

1.5.4 我国发展网络经济的应对措施

第一，从政府的角度来说，要在市场导向的基础上为网络经济的发展提供保障。要进一步加强信息网络基础设施建设。一般网络商品交易都包含了物流、信息流、资金流三个方面。发展网络经济必须解决好这三个方面的问题。而其中信息流主要通过网络来传递，才能实现降低交易成本的优势。这要求网络传递速度必须快,而信息网络基础设施是影响网速的关键,故强大的信息网络基础设施就必不可缺。

要调动民间力量,积极参与到信息网络建设中。信息网络建设需要巨额资金,除了政府投资之外,还需要调动民间力量,鼓励民间资金、企业资金、公众投资等参与信息网络建设。比如美国的全球电子商务框架的指导原则之一,就是倡导市场导向与民间主导发展。政府在调动民间积极性,参与发展网络经济的过程中扮演着非常重要的角色。政府要根据自身在信息网络化中的职能定位,制定各种有利于调动民间积极性,参与发展网络经济的政策,并积极协调他们之间的关系。

要进一步发展风险投资,扩大企业的融资渠道。从某种程度上来说,信息网络产业是一个高风险的产业,这是由信息网络产业发展特质所决定的。一是信息网络产业在产品开发初期,其研究与开发资金投入非常大,成本非常高。二是技术变革的加速使得产品生命周期越来越短,因此,一方面,依靠销售产品只能收回一部分的产品研发成本,另一方面继续研发的成本也要增加。于是,如何引进外力投资,增加企业的融资渠道就显得非常重要了。在国外,风险投资已经成为 1T 等高新企业的一条重要融资渠道。对于我们国家来说,政府要关注的是,如何为风险投资创造优良的政策环境;对于网络企业来说,应该搞好治理结构,改善经营管理,确立好企业的盈利模式,以吸引更多国内外的风险投资。除了引入风险投资之外,企业融资的方式还有很多,如募股上市、发行企业债券、借壳上市、资产重组等。

要进一步加强网络安全建设。法律法规建设是加强网络安全的重要保障。法律事关公民及企业的权利与义务。法律可以明确地告诉你在网络平台上你享有什么样的权利,如果有人剥夺你的这个权利,那你就可以通过法律的途径重新获得这个权利;同时,法律也告诉了你在网络平台中什么样的行为是不能做的,如果你做了就必须承担什么样的后果。而且,法律具有强制性效应,比如,对于那些非法攻击网络或者是利用网络进行犯罪的行为,就可以采用法律手段进行惩处,这是为网络能够处于最为安全状态下运行提供的最有效保障。因而,一方面,完善和制定法律,加强法制体系建设;另一方面,加强公民的法律意识培育,使公民充分认识网络的管理和应用什么行为属于违法,这是维护网络经济正常运行的关键。

第二,从产业发展的角度来说,要处理好传统产业和网络产业的发展关系。发展网络经济并不是说就不要发展工业经济,也不要发展农业经济了,正相反,网络产业的发展是离不开工业和农业的发展的,是在工业、农业发展的基础上存在的。

农业劳动是一切经济、产业发展的前提,网络经济的发展也不例外。马克思曾经这么说过:"一个社会即使探索到了本身运动的自然规律,……它还是既不能跳过也不能用法令取消自然的发展阶段。"[①]工业社会的产生和发展,"按自然基础来说,实际上都是建立在农业劳动生产率的基础上的"。[②]

工业劳动生产亦是网络经济的产生和发展的基础。首先,网络经济发展所需要的物质条件来源于工业生产,比如,计算机、通信设备等;其次,网络经济发展的原始资本来源于工业化阶段的积累并持续地为之服务;再次,网络经济运行的所有环节中都伴有工业化劳动的辅助。

那么如何处理好传统产业和网络产业的发展关系呢?首先要处理好信息产业化与传统产业信息化。网络经济包含了信息产业化与传统产业信息化两个过程。因而,处理好传统产业信息化即用现代技术改造传统产业,是处理好传统产业和网络产业发展关系的关键。用现代技术改造传统产业的过程本质上就是一个把劳动密集产业和技术知识密集产业紧密结合起来的过程。其次,要着力于创造出能够发挥我国优势的先进的产业结构类型和产业模式。产业结构上的不平衡是我国经济的一大问题。我国产业状况与发达国家的差距不仅在于新兴产业,而且在于传统产业。现阶段必须尽快提高传统产业的技术装备水平,增加传统产业产品中知识、信息与技术的含量,计算机可以提高效率,互联网可以减少社会化的成本。农业信息化也是非常关键的问题。要加大力度推进面对农业信息化的科学研究,致力于采用生物工程、信息技术等高新技术在农业中的应用,从而迅速提升农业的科技含量,促进农业经济的增长。

总之,尽管网络经济以跨越式的方式在向前发展,对传统经济造成了一定的冲击,推动传统经济发生变革,但我们同时也不能忽视,网络经济是在传统经济中孕育出来,且一直以之为营养成长壮大的,传统经济与网络经济相互依存彼此促进而推动社会发展。现实经济发展状态证明,未来网络经济和传统经济的界限会变得越来越模糊,二者相互有机融合在一起成为一种具有鲜明特色的新经济会蓬勃发展。

第三,从企业的角度来说,要推动企业组织创新。企业是社会最基本的经

---

① 马克思.资本论.第1卷[M].北京:人民出版社,2004:11.
② 马克思.资本论.第3卷,[M].北京:人民出版社,2004:885.

济组织单位,是网络经济发展的重要载体。应该说,任何一种经济形态的运行都是不可能离不开组织结构,组织结构帮助经济形态实现经济增长。经济组织的演变受经济制度变革的影响,从其功能发生的角度来说,组织结构是受生产要素的性质及其组合方式所决定的。网络经济改变了交易成本和信息结构,也可以说是改变了生产要素的性质及其组合方式,这就决定了网络经济运行下组织结构也必然要发生与之相适应的改变,这既是网络经济发展的要求,也是网络组织结构继续有效服务于网络经济发展的必然态势。在后续内容的探讨中我们会看到,由传统垂直型组织结构向网络经济下新型"扁平"组织结构的演进既是一场深刻的制度变迁,也是一场组织结构自身不断优化的变革。

第2章 网络经济的消费需求与购买行为

消费者是从占有和使用商品的过程中获得价值的用户。消费者消费行为的实现是一个从发现消费需求到通过购买行为满足消费需求的过程。在网络经济中,消费者的消费需求和购买行为因为电子商务市场的到来,而呈现出了与传统时代不同的特质。

2.1 需求与欲望:消费需求解析

2.1.1 消费需求的含义

消费需求是"人们获得各种消费资料包括劳务以满足生活消费的愿望和要求。是人们对满足自身生存、享受和发展需要的物质资料和劳务在有货币支付能力的转化形式,即消费者有货币支付能力的需要"①。

消费需求包括消费者有消费的意愿和消费者有消费的能力两个方面。消费需求表现为对消费品的支出总额,决定于收入水平和消费倾向。在凯恩斯的宏观经济体系中,消费需求是一个影响国民收入或就业总水平的总量包含,是宏观经济运行和经济发展的重要指标,从而使消费需求成为现代西方宏观经济理论中的基本范畴和现代宏观经济分析的一个基本工具。

消费者的消费需求因为消费者的不同特质而呈现多样性,因为人的需求的无穷性而具有无限性,因为可能受他人诱导而产生需求而具有可诱导性。

从多样性来看,受消费者的年龄大小、性别与地区的差异、宗教信仰的不

---

① 林白鹏、减旭恒.消费经济学大辞典[M].北京:经济科学出版社,2000:458.

同、收入水平的不平衡、职业的区别,受教育程度的差异等等因素的影响,这些因素投射在消费者身上,就会呈现出不同的行为选择,也因为在这些方面存在很大的差异,就会带来消费者需求的多样性,整个消费需求市场也表现为多元化、多样化和复杂化。基于此,企业就要或者说是激发了企业为市场提供多样化的商品和多层次的服务,来满足消费者复杂多变多样化的需求。

从无限性来看,人的需要的本质特征决定了人的消费需求是没有止境的。从需要层次上来说,马斯洛对人的需要进行了层次上的划分,认为人的需要的满足是一个从低层次到高层次的递进过程,一般情况下,当实现了低层次需求的满足后,人们就会生发出实现高层次需求满足的向往与行为;从需要的广度来说,随着人们生活内容的日益丰富、生活方式的日益复杂,人们消费的内容和方向也向无限性发展。这就推动企业不停地开发新的产品或服务,以满足消费者不同层次上的需要和不同内容不同方向上的无限需要。

从可诱导性来看,人的消费行为在某种程度上是受环境诱导比例比较高的结果,企业对商品的宣传程度会对消费者在商品采购上花色的选择、款式的喜好、品牌的认定等等产生观念上的导向作用,尤其是那些非生活必需品。所以,现代企业花大量的时间和资金成本在产品宣传、介绍和服务等工作上,以诱导消费者的购买行为。

2.1.2 消费需求的内容

生存于自然世界中的个体会有各种各样的需求,马斯洛把人的这种需求概括为五个方面:生理需求、安全需求、情感和归属需求、尊重需求和自我实现需求。以此为线索,我们把消费者的消费需求内容概括为满足人们物质生活和精神生活两大类,具体可以作如下理解。

第一,对商品使用价值的需求。人的需要的满足是对特定的物质载体的占有,消费者之所以占有这种物质载体,是基于这种物质载体的物质内容具有一定的使用价值,能够在某个特定的点上实现消费者的需求满足,即商品通过其使用价值呈现出了它的物质属性,由此成为满足消费者消费需求的基本内容。

第二,对商品精神意义的需求。消费者购买某种商品,既会考虑商品的使用价值,同时也会注重该商品是否会给自己带来精神愉悦的享受,即对商品有商品精神意义的需求。商品精神意义的需求可以表现在:第一,希望该商品具有审美价值。与自然界的其他动物不同,人类具有对美的事物的向往的需求,而且从不停止对美的追求的脚步。它渗透于消费者的消费需求之中,体现为对消费对象的美的向往和追求。这种向往和追求是普遍存在的,而且具有持久性的特质。也即是说,消费者在购买商品的时候,既会考虑商品是否具有实用性,同时也会关注商品是否具有审美价值。第二,希望该商品能够反映当下的时代特征。按照社会发展理论,人们的任何行为都带有时代的烙印,社会消费行为也不例外,一方面,人们的消费需求会顺应时代的特征而发生变化,当社会环境发生了变化的时候,消费者的观念会受环境的影响而发生变化,消费观念一旦发生变化,就会带来消费行为的调整;另一方面,因环境变化带来消费观念的变化之后,人们的消费需求也会呈现出时代的特性,在消费者消费需求上表现出对商品趋时、新颖等特性的要求,这本质上也是当代的最新思想的反映。因此我们说,商品富有时代气息也会给消费者带来购物的愉悦体验。商品的时代性在商品销售中具有重要意义。我们都知道,任何商品的价值在于能满足当下生活的人们的需要,这是商品实现价值的基础性条件,适应了时代需要的商品就有被销售的可能,反之,被时代所淘汰的商品就有可能会滞销,就意味着其生命周期的结束。第三,希望该商品具有某种象征性。所谓商品的象征性,是指商品可以承载消费者所赋予的一定意义,比如一朵玫瑰花,其象征意义就是爱情,所以,消费者无论是在购买还是接受玫瑰花时,都能从中拥有对爱情期望的心理上的满足。

第三,追求服务质量的需求。当人类社会发展到一定程度后,消费者在关注购买的商品本身时,还关注购买商品的过程中商家给予的服务体验,会在意购买商品之后商家给予的服务意识,这就是人们对服务质量的需求。也就是说,当下对服务质量的追求意识已经成为消费者是否购买该商品,购买该商品能否满足消费者需求的重要衡量要素。服务质量状况成为影响消费者消费需求的重要因素。

总之,消费需求的内容在随着社会生产力的不断发展而不断发生变化,对于商品提供者来说,关注消费者消费需求的内容是促进消费行为发生的重要环节。

2.1.3 消费需求的分类

消费需求按不同的标准会有不同的分类。

按消费者的购买目的不同,消费需求可分为生产性消费需求和生活性消费需求。按消费需求满足的对象不同,可分为社会集团消费需求和个人消费需求。按消费需求的实质内容不同,可分为物质消费需求和精神消费需求。从消费需求的表现程度来分,需求可分为外显需求、潜在需求和未发现的需求。

物质消费需求是指人们用来满足基本生存所需要的物质产品的消费需求。精神消费需求是人们用来满足人们精神活动需要的消费,比如满足精神上的娱乐的消费需求、满足人的个性发展的消费需求等。二者共同构成了个体生存不可或缺的两个不同层次的需要,相比较而言,精神上的需求要比物质的需求更高一层次。

外显需求是指消费者已经表现出来的现有需求,是已经非常明显的存在的,商家可以明确推断其存在的需求。比如,人们对食物、衣服、交通等的刚性需求。消费者外显需求具有趋同性的特征,这就决定了多数企业都是采取规模化生产的方式来满足这种需求。无论是工业经济社会还是现代化的网络经济,消费者的外显示需求都可以通过这样的方式得到满足。潜在需求指消费者有直接指向的消费意向和消费目标的需要,但由于购买能力即货币支付能力不足上存在问题而在当下没有得到满足。消费者潜在需求的实现有两种可能,一种是消费者一旦具备购买能力,就会义无反顾地把潜在的需求变为现实,一种是当企业采用降价、分期付款等适当的市场营销措施而被消费者所认可和接受,并符合其现有的购买力的时候,这种潜在性需求也会被消费者迅速地转变为外显需求,甚至实现需求的满足。消费者自己未发现的需求指消费者有具有购买能力,但其消费需求没有明确的导向,需求目标不清晰,而是隐性地存在于消费者的消费需求里,直到企业推出某种特定功能的产品,或者企业用某种适当的市场营销,而将消费者的这种隐性需求激发出来,使之转化为潜在的需求甚至转化为一种外显需求。在这种情况下,企业外在的营销力起到了关键的作用,它是使消费者潜在需求转化为外线需求的导火索。比如,某女性从来不化妆,偶尔经过商场看见营销人员在用游戏的方式推销化妆品,出于好奇,她参与了游戏,通过游戏了解了该化妆品品牌,并产生了兴趣,于是就演化为显性的消费需求。因此,现实中的许多消费者并没有明白或了解某些需求的满足能给自己带来价值,或者说根本就不知道自己对哪些需求有非常迫切的满足欲望,但一旦有某个机会某个场合对其进行诱导的话,这种需求将会被催生出来,且可能形成增长性态势,甚至可能催生新的产品,还可能淘汰旧的产品旧的企业。那么,企业所要做的是,唤醒潜在需求和未发现需求,从消费观念到消费形式,再到生活方式,利用各种手段对消费者进行广告宣传、销售促进,最大限度地把消费者的需要意识唤醒,把潜在需求或未发现需求转换成外显需求。

2.1.4 消费需求的影响因素

人们生活的社会环境复杂化、社会文化价值观多元化等等多样性也影响着人们的消费需求。

从生活环境及条件变化的角度来看,其一,社会外部环境发展会对人的物质生活、精神生活水平带来影响,当我们的物质、文化生活水平随着外部环境的改善而得以提升的时候,伴随而来的会有生活追求的不断扩大和拓宽,由此上升的消费领域也会拓宽,消费层次也会从低层次不断向高层次上升。其二,科学技术的发展带来了新产品的出现,企业经营水平和服务质量的提升诱导着消费者的消费需求;科学技术水平的提升还导致了产品生命周期越来越短,新产品出现的频率越来越快,为消费者消费需求的快速更新奠定基础。同时,企业通过各种营销方式,通过营造良好的消费环境来唤起顾客消费需求的效果越来越好,越来越有效。这样的环境无疑能最大限度地激发人们新的消费需求。其三,个体在工作、学习、生活的压力随着越来越复杂的社会环境在逐步增大,但是,社会提供给个体缓解、释放心理压力的条件还不是很成熟,于是,在网络上相对比较自由的消费行为成为现代网民释放压力的方式和途径。人们对更高生活质量和社会地位的追求的同时也随之产生了相应的心理压力;生活中的各种因素如升学、养育子女、赡养老人等也不断给人们带来压力;而且,社会竞争在不断加剧、生活节奏在不断加快;这种发展态势带给个体的压力必须有一条释压的途径,必须要有一条帮助个体调节身心的方式。但在现实中,缓解这些压力的途径、调节人们身心的方式却又没有得到与之相应的完善与提升,相反由于现代环境的嬗变,还呈现出很多不尽如人意的地方,比如,房价带来的巨大压力、竞争的激烈化、邻里及同事之间关系的变化,使得人与人之间的沟通方式、沟通内容的深度与广度都受到一定影响,传统上那种直接、痛快、毫无顾忌地表达某些意见或发泄情绪的方式已经不适合当下的环境。于是,通过消费活动,特别是网络消费行为来缓释压力,就成为一种相对可以通过自己操作,自我消化的比较有效、缓解心理压力的非常重要的方式。

从社会文化、价值观的多样化角度来看:其一,网络改变了传统社会中人们各种活动的交流方式,当下信息交流极为方便,通信手段相当发达,这些都成为人们生活中文化的融合和价值观发生着从封闭到开放,从单一到多元化的变化,这种变化自然直接或间接地影响人们对生活的追求目标和追求方式,也刺激人们对具体产品的产生更多的要求和渴望。其二,网络社会给人们思想、行为约束的松缓程度比较高,给个体创造的追求自由的精神空间也比较大,由此影响人们的消费需求。在传统社会里,个体为了获得生存与发展的更好条件,需要寻求某个或数个团体的支持,同时也要受到这些团体的约束,形成非常典型的"依赖"与"约束"关系,但在网络社会中,这种"依赖"与"约束"的意识程度越来越低,越来越为"独立""开放""自由""个性"所取代,这种现象也将投射在人们的消费需求中。其三,人们生活领域的扩大带来了价值认知的广度,影响了人们的价值观,也带来消费需求的变化。网络扩大了人们的生活领域,经济的发展促进了人们生活层次的提高,当下松散的人际关系投射在思想和行为上亦呈现出极小的人际约束力,对传统社会中的一些特殊群体的依赖性也在逐渐减少,开始转向具有网络特质的群体归属,开始归属于其他一些有形或无形的群体,如"追星族""球迷""驴友""股民"等等。更大的自由度是这种群体的最大特征,这样的群体会更大程度地激发个体个性和能力的发挥,从而带来价值观的变化,同时,归属群体中成员之间的相互有意识或者无意识的行为,也会对个体的生活方式、价值取向造成不同程度的,进而影响人们的消费需求。

从个人需要与动机的变化来看,其对消费需求也带来一定程度的影响。如前面内容所论述的那样,当下的人们不只是停留于满足生理、安全等较低层次需要,而是追求尊重、自我实现需要,需要层次的提高也带来了精神、情感需求比重的增加。心理需要层次的提高也带来了生活的越来越复杂化——更高层次需要的满足需要依赖更大的舞台、更多的手段以及更为漫长的过程,很显然,满足更高层次需要的成本在增加。生活需要满足水平的逐步提高和生活态度及方式的改变直接或间接地影响了消费者生活、消费经验的丰富,消费心理的不断成熟,在消费动机上也就形成了多样化的形态,多样化的消费动机直接影响消费需求。

2.1.5 消费需求影响经济增长

消费需求是通过市场购买消费品而表现出来的一种需求能力,是市场对消费品的一种真实需要。消费需求决定经济增长方式转变和发展方向,其基本规律是消费需求的层次越高,对经济增长的贡献就越大,经济增长方式在消费需求的影响下得以向前发展。

我们先从宏观视角下来看消费需求对经济增长产生的影响。其一,消费需求的水平、规模和速度决定着经济增长的水平、规模和速度。从宏观经济学的收入决定理论可以获知,消费需求的增加并不能直接导致供给的增加,但是,经济的社会总产出水平与该经济的基本消费规模和边际消费倾向有关,社会总产出水平和经济增长的幅度取决于社会总需求的强度。其二,消费需求结构决定经济增长的结构。理论上来说,合理的消费需求结构为经济增长奠定了基础,同时也为经济增长水平的提高创造了有利的条件。因为消费结构通过需求结构刺激发展相应的产业结构,这样的话,合理的消费结构就成为建立合理产业结构的前提和依据。因此,根据市场的需求结构和消费趋势,促使投资需求合理增长,调节产业结构和产品结构,保证各种经济增长要素和增长的产出结构对市场需求动态适应,依靠产业结构变动的集约增长效应对社会资源合理配置。这样的话就可直接促进消费市场繁荣,促成有质量保证的经济有效增长。其三,消费需求的扩大影响投资和生产规模,进而影响经济增长。消费需求是如何作用于投资与生产的呢?当我们发现社会存在某种新的消费需求,或者存在某种扩大的消费需求的时候,在利益的驱动之下,社会就会调动可能的资源去满足这种需求,这就自然要求增加对消费品生产的投资,对消费品生产的投资又会引发扩大生产资料的生产的行为,扩大生产资料的生产也是需要增加投资。这说明,消费需求的增加或者扩大会引致投资需求的扩大,反之,消费需求下降的话,自然就会带来投资需求以更大的幅度减少的现实。由此可以看出,这个过程反映出了由消费需求的变化而引来了一系列的连带生产需求和投资,从而对经济增长产生影响。

我们再来从微观视角看消费需求对经济增长的影响。一方面,消费需求的变化引起生产者行为的变化,从而改变生产者的投资决策,进而影响经济的增长。作为一种市场供求信息,消费需求为企业做出正确生产经营决策提供依据,决定着投资、生产的方向和数量。另一方面,消费需求的变动引起消费者行为的变化,从而改变消费选择,影响经济增长。影响消费需求的因素很多,总体可以概括为消费意愿和消费能力。消费能力指消费者的货币支付能力,受收入和购买的商品的相对价格的影响。而消费者意愿的变化是诸如动机、期望、倾向等等心理因素共同作用的结果。消费者意愿的变化和消费能力的变化直接影响了消费者的行为,比如,当消费者受到某种产品刺激时,其内在的消费意愿就被激活,甚至会立即演化为一种动力促进消费者做出购买决策,产生购买行为。消费者购买行为的发生意味着企业产品的成功销售,因而,消费者的需要对经济增长带来影响。

2.2 理论溯源:消费购买行为理论

消费者的购买行为即消费者在消费动机的影响下,受营销和环境的刺激产生需求直至最终作出购买决策的整个过程。为了更好地促进消费者购买行为的发生,很多学者对消费者的消费行为进行了认真研究,提出了一些相关的理论,对这些理论的研究有利于企业对消费者购买行为更深入认识,进而想办法促进消费者购买行为的发生。

2.2.1 边际效用理论

边际效用理论认为,消费者购买产品的目的就是要用既定的金钱最大限度地满足个体的需要,就是以最小的投入换取最大的产出,达到总效用和边际效用的最大化。

边际效用理论侧重于分析消费者如何在不同商品的购买上分配自己既定的收入,目的是使边际效用达到均等。面对各种商品的效用和价值各不相同的情况,消费者通过调整各种商品的购买量,即多购买边际效用高的商品,少购买边际效用低的商品,使它们的边际效用达到均等。所以,边际效用均等便与商品购买量是紧密联系在一起的,由此产生了两个概念,一是边际效用均等表,一是边际效用均等曲线。边际效用均等表是指各种商品在达到边际效用均等时的购买量;边际效用均等曲线是将所有消费者在一定时期内所形成的边际效用均等曲线汇集在一起后形成的一条宏观边际效用均等曲线。从理论上讲,边际效用均等曲线成立的条件是各种商品的单位货币的边际效用相等,而各种商品宏观边际效用是否均等,则又取决于每个消费者认为自己所购买的物品的边际效用是否均等。如果是,则宏观边际效用必是均等的。

2.2.2 习惯建立理论

习惯建立理论是由行为主义心理学创始人华生提出来的,他认为消费者在购买商品的时候自身不会产生负面情绪,久而久之便成为本身的习惯。这样,在以后消费者对某种商品产生需求时,就会自动产生一种购买欲望,从而转变成购买行为。假如消费者在之前购买商品时一直产生的是非常愉悦的经历并成为一种固定化的习惯,那么会使得消费者的购买欲望更加强烈。

现实生活中的个体大都有这样的习惯性购买行为的经历,比如对食品、衣服的品牌等都有相对固定的消费对象,而且不轻易变化。对于个体来说,习惯性的购买行为有利于选择商品经历投入的节约,也能适度地规避新商品的消费风险。对于企业生产者经营者来说,稳定的习惯性的购买群体成为他们维护的主要客户来源。习惯建立理论的缺陷在于不能解释和应用于所有不同种类的消费行为。

2.2.3 信息加工理论

信息加工理论把人认识事物的心理过程看作对信息的加工过程,认为人是一个信息加工系统,能够对信息进行接收、存贮、处理和传输。

信息加工理论是20世纪50年代中期兴起于美国的心理学流派。其理论基础是司马贺与纽厄尔的"物理符号系统"假设,这个系统具有六种功能:一是输入符号,二是输出符号,三是存储符号,四是复制符号,五是建立符号结构,六是条件性迁移。

信息加工理论认为,任何一个智能系统必须执行上述六种功能;任何系统如果具有这六种功能,就必定表现出智能,即人类所具有的智能,在此基础上就有了如下三个推论:其一,既然人具有智能,它就一定是一个物理符号系统。其二,既然计算机是个物理符号系统,那它就一定具有智能。其三,既然人和计算机都是物理符号系统,那么就可以用计算机来模拟人的行为。由此,信息加工理论形成了三个核心观点:其一,人不是机械地接收刺激信息和作出反应的被动实体,而是有选择地获取和加工环境刺激的有机体。其二,人对刺激的反应不是直接对应的,而是需要一连串心理的转换活动。将人的感知、记忆、思维、行动看作一个由输入、贮存、编码、输出等环节构成的完整的信息加工系统。其三,使用科学手段的目的不是去观察、改变或塑造人的外部行为,而是去分析认知程序和结构。同时,可以通过适当的教育来组织和维持学习者的内部活动和过程,最终了解、预见和指导人的行为。

信息加工理论可以从信息的获取、分析到选择的行为发生过程诠释消费者购买行为的发生机制。

2.2.4 风险减少理论

这里的风险是指消费者在购买商品或服务过程中面临或体验到的不确定性。风险减少理论认为,消费者在购买商品时会遭遇各种各样的风险,这种风险会通过影响人的心理承受力而影响人的消费行为。那么,消费者在消费过程中就会通过各种途径减少风险。

风险减少理论的主要内容有:其一,消费者在购买商品时,风险程度的大小与购买后可能造成顾客的损失大小以及实际造成顾客损失大小有直接关系,给顾客造成的损失愈大,则风险性愈大。其二,顾客因购买某种商品可能面临产品功能风险、安全风险、金钱风险、社会风险和心理风险等。功能风险是消费者可能面临产品不具备消费者所期望的性能而存在的风险。安全风险是指消费者购买的产品可能面临对自己或他人产生危害的风险。金钱风险是指消费者购买的产品的实际效用未必抵得上消费者所支付价格的风险。比如,花了 1000 块钱,却可能面临其效用只值 100 块钱的风险。社会风险是指消费者因购买决策失误而有可能面临家人或朋友或其他人嘲笑的风险。比如,一个成年消费者购买了一件与自己年龄不相符合的衣服,他就有可能面临家人和朋友的质疑等。心理风险指消费者要面临可能因决策失误而使消费者的自我情感受到伤害的风险。其三,顾客为了避免购买某商品造成风险损失,在做出购买决定或决策的时候,会采取某些措施或办法来减少或防范风险,比如:在购买前,尽量多地收集有关商品的信息;在决定购买的时候,先少量购买试用,试用效果好后再多买购买;在品牌选择上,选大多数顾客购买的品牌。当然,消费者购买风险的防范首要地是从自身出发,但是,如果市场行为不规范的话,消费者的防范效果也不一定好,所以,需要依靠政府、社会、企业、消费者共同努力,才能真正避免或减少顾客的购买风险。

风险减少理论还认为,消费者体验到的风险水平受三种种因素的影响。一是消费者个体付出的成本大小。二是消费者对风险的心理承受能力。三是服务产品的购买风险大于实物产品。四是购买风险与产品销售有关。

总之,风险减少理论认为,顾客在购买活动中常常存在着不同程度的风险,因此,顾客在购买商品时,总是力图减少或者回避风险。

2.3 从个性化到多样化:网络经济下的消费需求特征

网络经济下的消费需求是特指网络消费者的消费需求。网络消费者与传统消费者的不同在于他是通过互联网在电子商务市场中进行消费和购物等活动的消费者人群。因为有了网络经济才有了网络消费者,网络消费者的人群也随着网络经济发展而不断增多壮大。网络消费者购物方式的特质在于,从对商品的选择到确定购买商品,再到付款、收货,都不需要走出家门,到物理空间中进行,只需要借助于网络电子平台,轻松地使用鼠标就能完成整个消费过程。这与传统消费方式相比,是一个完全不同的消费体验,是一个完全不同的让人感觉到极为便利的美妙的消费体验,因此,当网络经济以其澎湃发展之势融入我们这个时代中来的时候,企业要把握和利用电子商务的优势,更加精准地研究网络消费需求的特点,更加充分地发掘网民的消费需求,在满足消费者需求的同时也促进网络经济更深入地发展。

2.3.1 消费需求个性化特征鲜明

任何时代的消费需求都具有个性化的特征,都会带有个人偏好的"自我"烙印,喜欢为自己度身定制,但是,在传统经济中,由于消费的便捷性以及消费成本等因素的限制而无法大面积地得到满足。而随着现代电子信息技术的突破,个性化需求的本质就被充分挖掘并呈现出来了。现代的我们已经把互联网称为"万能"的网络,即是代表网络已经为每个个性化的消费者准备了多样化的商品,从房产到大米,从汽车到酱油,从几十上百万的商品到五元包邮的小物件,再从物质性的商品到软质性的服务,淘宝网、天猫、京东等网络商家将网络消费者的个性化消费欲望无限激发。从消费者自身来,每个个体消费者都有其固有的消费特性即个性化,所以可以把每个个体当作一个细分市场来对待,来研究,这便是营销活动中的"市场细分",市场细分中的一个个体又可以组合成一个具有个性化需求的客户群,市场细分为之提供服务。

网络消费者鲜明的个性化消费需求导致其需求差异更加显著。不同消费者的差异性会在产品的款式、外包甚至是物流的配送过程中外显出来。对于同一个消费者,不同的网络环境,不同的心情下会呈现千差万别的网络需求。所以,对商家来说,针对这些千差万别的消费需求的细分促销行为,都会让消费者对商家及其所购商品本身产生与之前不一样的认知,甚至会抵消商品或服务本身的一些瑕疵,会非常轻松地就对商品或商家给出所谓的"好评";反之,如果在任何一个环节出现闪失又没有细分化的措施予以弥补的话,都有可能会导致消费者对卖家及其商品的"差评"。

鲜明的个性化还表现在网络消费者有着非常典型的自主性消费特征。"从众"与"自主"是相对应的一组概念。前者代表以大众化的选择为标准,后者代表以自我的决策为标准。在网络经济下,消费者的从众性的消费行为最终都容易呈现为自主性消费。如"参照行为"是从众行为的产生原因之一。再来看"我的消费我做主"的口号,表达的既是消费者对某件商品或对某个服务选择的绝对自主性特征,还体现了网络消费者对网络经济下社群选择的自主性——消费社群是网络消费者自主选择组合的结果,即体现了"我的消费我做主"的强烈的消费自主性特征。因此,我们可以看到,消费者对自我的消费倾向,对商品的适用与否等都有着非常明确的把握,消费呈现自主性消费的特征。

2.3.2 消费需求呈现从众性特征

从众也是人的一个特质,是群体行为或者群体观念对个体的行为方式影响带来的一种与群体行为相一致的属性。这种属性可能会是群体的张力在个体身上的一种呈现体现,也可能只是个体自身的心理反应。人具有社会属性,处于社会网络中的个体是一定会受到群体的影响的。

网络经济的"眼球经济"加重了"从众"的消费特点。客户流量是网络经济立足的根本,其现实表现就是在这个阶段呈现出来的"眼球经济",梅特卡夫定律已经验证了互联网经济价值的这一特性。所以,要在网络经济中占有优势,吸引大家的眼球是关键。在这个吸引消费者眼球的过程中,如何对从众心理进行引导就显得非常重要了。首先,要形成"众"。可以利用人们求新、求异的消费心理,通过网络的便捷性和商业模式的创新性特征来促进早期"众"即早期消费者的形成。要利用这个早期消费者尝试、体验,使之形成一种风气和口碑。利用这种风气和口碑来吸引具有相同需求和那些有尝试心理的人,一步一步扩展之下,就会形成一个"圈子"的特有群体性。其次,要增强满足感,增加用户的黏性。"圈子"形成之后,就要通过针对消费心理的产品、服务和营销的提升的途径,来促进核心用户的形成,增强"圈子"的凝聚力,以此形成相对"圈子"更为核心的群体理念,同时还要利用"圈子"优势不断扩展新的用户,重复增加黏性。再次,要不断地提升用户价值。通过追加增值服务的方式,既留住现有用户数量,又进一步吸引相关人群加入进来,促成消费文化的流行。在这个过程中,必须充分利用网络的平台性和开放性优势,尤其是在增加用户黏性以及吸引用户加入和尝试的环节中要加大力度。互联网公司在这个环节中,可以加入消费者对消费进行开放式的评价和讨论之中来,能更深层次促进用户体验的交流,这样的讨论和交流中,用户的消费体验会得到进一步加强,也非常容易吸引新的用户来尝试和体验,形成浓厚的从众氛围。

网络经济的"眼球经济"和从众与传统模式下的从众还是有着一些区别的。传统模式下的从众,是一种群体影响下的个体行为的改变,其主要体现出来的是群体的"强制性"和由这种强制性导致的个人"服从性",本质特征在于个人的行为模式要符合群体的理念。当然,这种"强制性"并不一定完全在现实中得到呈现,但是对个体带来的思想和行为上的约束却是真实的。与之不同,网络经济下的"眼球经济"强调的是一种关注,体现出的是一种鼓励性的尝试和引导,根本不存在任何的"强制性"的因素,是通过利用好奇、尝试等方式和途径来诱导消费者的消费需求,促使消费者的选择性更宽更大,所以这是一种引导性的行为,在这个过程中,充分体现出的是消费者的消费自主性。

2.3.3 消费需求呈现多样化

需求多样化在两个方面得到体现。

第一,是可供消费者选择的商品种类增多:$Y = P_1X_1 + P_2X_2 + P_3X_3 + \cdots + P_nX_n$。其中,Y 为消费者可支配收入;$P_1$ 为商品价格;X_1 代表商品数量。因此,在价格水平相对不变或略有上涨的情况下,如果 Y 值不断上升,那么消费者需求不仅表现为某类商品购买数量的增多,而且还表现为对商品种类的要求也会不断提高,价值不断增多。为了获得最大效用,消费者会比较选择越来越多的商品种类,(这在某种程度上会增强消费者的信息处理能力),市场上可供挑选的商品也因此而大幅度增加。

第二,消费者的需求层次呈现多样化。就网民消费的需求而言,我们常用比较通俗的网络用词把他们消费需求划分为不同的层次。最初的所谓"菜鸟期",即刚刚步入网络消费的个体,是基于满足新鲜感而进行网络消费的时期。然后是所谓"潮人期",即在新鲜感得到满足之后,开始体验较为成熟的网络购物,其表现在于以购物的愉悦感为主,以购买商品讲求"性价比"。最后是所谓"达人期",即消费者进入了成熟的理性的网络购物层次,消费者购物不再盲目行动,不再感性,而是在通过理性的比较之后,根据自己的现实需求,最终达到"按需下单、理性消费"的购买行为。

2.3.4 消费者的情感需求(服务需求)日趋主导化

现实中的网络消费者在购买行为发生过程中有着非常敏感的情感需求,也即是说,消费者在消费过程中,体验的不仅是物质产品本身,还伴随着一种强烈的情感上的体验。如我们所理解的那样,任何一个消费者,除了消费商品本身之外,还希望享受到优质良好的服务,这优质的服务包括被尊重。应该说,随着消费者市场主体地位的确立,这种情感性需求将越来越会得到彰显。

我们从如下角度来进一步理解情感需求:其一,情感需求是一种信任感。是否信任商家是消费者决定其购买行为发生与否的非常重要的因素。在传统的购物环境里,消费者的信任感来源于长期积淀下已经形成一定口碑的,或者外表起来看起来具有一定安全感的公司或商场进行消费行为。因为缺乏信任感的场所容易让消费者处于被动的地位,消费者在讨价还价的过程中削弱了消费信任感。其二,受尊重。在购买行为发生过程中,每一个消费者都有渴望受到尊重的购物心理需求。用我们亲身的体验来分析,当你每次去一家商场购物时,你遇到的服务员每次都友好地与你打招呼,每次都提供非常细心周到的服务的话,就会给你带来一定程度的舒适感,这种舒适感会上升为被重视、被尊重的感觉,就会使得你下次再次光临该商场,甚至找到那个为你服务的服务员。所以,一旦消费者产生了被尊重的感觉,就会有意识甚至是无意识地和商家构建起彼此相互信任的相对稳定而持久的关系,最后在达到相互信任的过程中,买卖双方都实现了自己的预期。其三,为"我"服务。在这里,为"我"服务体现的不是被尊重的上帝式的服务关系,是一种商家根据"我"这个特定的消费者提供的特定的服务。就是说,当我和商家发生买卖关系的时候,消费者希望"我"是商家的核心,商家要以"我"为标准来提供个性化服务,而不是普遍性的无差异化的服务。这样的观念随着收入水平的提高,会越来越被重视,消费者的消费行为不仅仅为了获得所需的产品或服务的行为,更是一种享受生活的体验过程。当然,情感需求给网络经济带来了挑战。网络的特质要么是"人"对"机"的沟通,要么是"人"对"机"再对"人"的沟通,缺少的是人与人之间的直接沟通,因为存在物质性的机器作为沟通手段而缺少情感因素,特别不利于人这个情感性动物的需求。所以,如何化解这个问题是网络经济下的重要问题。当然,从某种意义来说,如上的需求我们可以把它们作为消费者情感需求的表现来对待,似乎要通过"人"对"人"的方式更容易实现,但如何从操作层面上,通过定制化需求满足的方式来弥补消费者的情感需求,有些企业已经开始了探索。

2.4　从需求到决策:网络经济下的购买行为

消费者的购买行为是指消费者为满足需求从购买意愿到做出购买决策的过程。

2.4.1　网络环境对个人消费者购买行为的影响

网络环境给消费者购买行为带来的影响主要由网络所具有的本质特征所决定的,特别是由网络环境与传统物理空间购物环境的差别所导致的,主要体现为下面几个方面。

第一，网络环境影响消费者对产品与服务上的时间和空间的选择。传统环境下消费者的购买行为主要是发生在物理空间场所，因此购买行为受空间范围的限制而缺少空间上的广度，但网络环境对空间限制的突破改变了这个特质，给消费者提供了一个跨地区，全球化的购物空间。在时传统购买行为的发生受营业者的营业时间限制，网络环境也给消费者提供了一个没有时间限制全天候的购物时间。网络环境消解了传统购物环境在时间和空间上的局限性，使消费者可以根据自己的时间，在自己喜欢的空间里，便捷性地满足自己的消费需求，实现购买行为。

第二，网络环境影响消费者个性化需求的满足。以消费者为市场主体使现代经济发展的重要特征，消费者个性化需求的满足是这一特征的现实体现，网络环境有益于消费者个性化需求得到满足。网络环境跨时空限制的突破以及商家网络营销的接入，能够更好地帮助消费者根据自己的个性化意愿，在全球范围内向生产者发出定制信息，使跨时空的"量身定制"成为可能。

第三，网络环境影响消费者对产品或服务差别价格的选择。通过网络环境，消费者可以快速发现某种产品或服务的价格变化，也就是说，网络环境下商品价格的变化信息会客观地呈现在消费者面前，很容易被消费者发现，如果这种变化与消费者的预期有很大的差异的话，就会影响消费者的消费心理及购买行为。比如，某个消费者花1000块钱买了一件衣服，第二次看的时候，他发现这件衣服涨到了1500块钱，那就会给消费者带来心理上的相对舒服感，但如果第二次他发现衣服的价格降到了500元，尤其是在较短的时间降下来的话，就会产生不舒服的心理。所以，这就可能导致消费者对该商家的价格问题上提出质疑而影响下一次的选择。另外，更为重要的是，网络环境可以提供给消费者在同一时间内商品在不同商家那里的价格，便于消费者进行对比和进行选择。

第四，网络环境影响消费者与生产商的沟通。这个沟通不只是体现在购买行为可以与生产商直接发生的环节，还体现在消费者在购买前与卖家的直接接触、售后的质量反馈环节等。在这个过程中，商家是通过网络环境向消费者提供产品信息，消费者也可通过网络环境将其需求和意见接反馈给卖家，极大地减少了买卖双方从商家产品信息发布，消费者获取信息并最终完成购买行为的中间环节，无形中也就节约了传统经济环境中买卖双方交易过程中花费的搜寻成本与交易成本。而且，商家与消费者的这种双向沟通因为网络环境的存在还可以跨越时间和空间的限制，由此形成良性的正向反馈。

总之，网络环境对个体消费者的购买行为产生了极其深远的影响，因此，网络企业在关注网络消费者需求特点的同时,也要构建好网络环境,既包括建构好自身企业的网络环境,也要为建构整个网络经济的网络环境贡献自己的力量。

2.4.2 网络个体消费者的购买行为影响因素

主观方面和客观方面的因素都会影响消费者的购买行为,主观方面的如自己的价值观、兴趣、喜好等。客观方面的如商家的网络页面、商家网上产品价格、购买途径是否方便快捷便捷以及消费者自身的经济状况等等。我们把这些因素综合起来概括为网络文化、网络环境及个人因素对网络消费者购买行为产生很大的影响。

首先来看网络文化的影响。我们可以把文化理解为某个人群共同具有的关于价值、信仰、偏好和品位等一套整体观念。那么这一套整体观念会对个体消费者带来怎样的影响,或者说是怎样发生影响的呢?不同的消费者因为生活于不同的国家,属于不同的民族,因而形成了不同的文化特质,这些文化特质投射在每个个体身上,就会对个体的消费行为带来影响,产生出具有个性化特质的购买行为,网络社会的出现更是加剧了这一现象的发生,因为,网络社会的出现和发展,网络经济给人类带来的不仅是一场科学技术革命,甚至可以说是一场社会革命,一场渗透于文化观念深处的革命,产生了新的文化范畴"网络族群"和"网络文化"。网络族群形成的基本条件是借助于网络进行交流和沟通的互联网用户,因为有共同的爱好共同的信仰而逐渐形成了一个非正式组织,在这个非正式组织中,成员往往具有相对接近的价值观,彼此能够遵循相同的行为准则,于是形成了具有某种特质的网络文化,同样能够直接或间接影响这个网络族群内成员的购买行为。

网络文化是存在于虚拟的网络空间中的一种意识,当网络消费者在网络空间中进行活动的时候,他就会受到网络文化影响,继而,这种网络文化会影响其购买行为。例如,一个特别喜欢网络游戏的网络消费者,除了自己表现出了对网络游戏相关信息的关注与喜爱之外,其网络群中的人也大多属于这一类,长期在一起交流,长期受网络族群所形成的网络文化的影响,这个网络消费者的网络文化就会更多地表现出一种对网络游戏相关信息的关注,折射在其购买行为上就会以购买与网络游戏相关的产品为多。当然,网络消费者的购买行为不是受单一的网络文化的影响的,比如说他不只是受网络游戏的网络文化影响,还会受到诸如旅游、图书等等网络文化的影响,现代信息技术的纵向上的深入发展丰富了网络消费者的结构,形成了众多差异化的网络族群,网络族群下的网络文化也随之变得愈来愈丰富,多样性的网络文化就会给网络消费者带来多样化的影响。

我们再来看个人因素的影响。网络文化组成了网络消费者购买行为受到影响的外部客观因素,网络消费者个体本身具有的独特性的个性特征组成了影响其购买行为的个人的因素。其一,从性别的角度来看,男女性别的差异性也直接反映在他们购买行为的差别上,一般情况下,男性购物行为偏理性,女性购物行为偏感性。男性在实施网络购物行为时,大多是经过深思熟虑后有针对性地进行购买,呈现理性行为特征;而女性则不然,大多女性偏好不断浏览网页商品,不断放入购物车,购买与否除了实用性的理性选择之外,还以喜好等感性特征作为判断。另外,男性购买行为偏自主性,也就是说,男性购买行为发生与否的主要标准是自己对于商品各方面信息的资料的认知基础上做出判断与选择,很他人评价的影响度偏低;而女性则不然,大多女性有依赖性特征,即网络上其他购买者的意见和评价会影响她们对商品的认知,进而影响她们的购买行为。其二,从年龄阶段的角度来看,网络购买行为的发生以年轻人为主体。一则是从技术操作层面来看,年轻人接受新事物的能力明显要比老年人强,所以在接受网络购物的程度肯定要比老年人快。二则从思想观念层面来看,与中老年人相对保守的消费观念相比,年轻人的消费观念更为开放,更偏重对流行与时尚的追求,网络消费呈现出的时尚与个性的特征恰好能与年轻人相融合。其三,个体的受教育程度和经济收入会对消费者购买行为产生影响。受教育程度会影响人们对网络使用的频率和进行网络消费的观念和方式,受教育程度高的人,接受网络消费观念的广度和深度较受教育程度低的群体要快、要高。同样的情况也发生在收入水平高低的群体上。其四,消费者的网络购买行为还与其使用网络的熟练程度有关。我们用个体消费者所经历的网络购买行为发生的历史过程来对此进行分析。最初接触网络购物的时候,由于消费者对网络本身,对网络购物的流程的认知还不够全面,还不够熟悉,因此还不能足够放心地去进行网络购物,但随着消费者有了足够的摸索,随着消费者网上操作应用越来越熟练,对互联网的认知也越来越熟悉,消费者对网络购买行为的害怕心理逐渐会得到消解,于是有了第一次、第二次的网购行为,而且如果网络购买行为给他带来了极大的愉悦感和认同感的话,那么,持续不断的网购行为就会发生。但是,如果消费者只是停留在观望的状态,只停留在对网络、对网络操作不熟练的状态的话,那就不太可能发生网购行为。经历了这样一个过程之后,网络消费者有可能出现分化:一部分消费者演化为将网络购买行为作为一种日常化的普通的消费行为的群体;一部分消费者演化为非常喜欢网络,甚至是用网络空间替换了现实社会,将现实社会中的学习、交流、消费购物、娱乐等行为都通过网络发生的网络黏滞者。

网络环境因素包括网络技术和网络零售商店的影响。

网络的技术之所以成为影响网络购买行为,主要在于它决定了网络购物的便捷性和安全性。购物便捷性一是指时间上的便捷性。传统的购物时间是有限制的,一般来说,从开始营业到结束营业,除了少数商家提供 24 小时服务之外,绝大多数商家提供的购物时间每天只能在 10 至 14 个小时之间。网络打破了这种限制,它提供了 24 小时实时在线消费时间。打破时间限制也就带来了节约购物时间的便捷性。二是空间上的便捷性。网络技术帮助消费者在足不出户的情况下,跨越物理空间,实现最大限度上的跨空间购物行为——只要有网络的地方就可以。此外,购物的安全可靠性是影响消费者决定购买行为发生与否的关键因素。与传统购物直接面对面地付款与接货的方式不同,网上购物,一般是消费者需要先付款,然后商家发货,然后通过物流体系,消费者才能拿到所购买的货物,呈现出了购买方式资金与货物发生分离的变化,如果网络技术无法保证其安全性的话,那么网络购买行为将难以持续发生,反过来说,网络购物行为不断地呈上升形势,从另一个角度证明了网络技术给消费者的资金、给消费者时空分离的购物方式提供了安全保障。

网络零售商店影响主要包括网页界面设计、商品陈列、商品特性、产品的价格等。理论上来说,网络零售商店界面的设计状况会对消费者带来如下几种行为的选择:其一,立刻离开。如果消费者进入的网络零售商店的网站界面设计不吸引消费者,或者与消费者的审美观价值观不相一致或者引起消费者反感时,消费者肯定会选择离开。当然,如果网络不畅通影响到网页设计传输速度减慢的话,也容易导致网络消费选择离开该网络商店。其二,浏览。即网站的界面设计吸引了消费者的关注,消费者会浏览商店上的商品,并有可能选择需要购买的商品。其三,浏览并购买。当消费者不反感甚至被网站的界面设计所吸引的时候,他就会浏览网络商店的商品,并受网站界面设计刺激,加上对商品本身的需求,产生了相应的购买行为。从这三种行为的分析来看,一个网络企业的网站界面设计是非常重要的,它可以刺激网络消费者产生购买行为,对于网络零售商店来说网站界面设计并不是大问题,它可以利用现有的现代化信息技术设计出优秀的以满足消费者需求为目标的网站界面。

网络技术和网络零售商店相结合起来可以降低消费者的购物成本,影响消费者的购物行为,可以来完成传统商店无法完成的功能。比如,提供店内商品搜索引擎之外,现在使用比较典型的是允许第三方比较购物代理对本店商品进行搜索和比较。这个功能的实现极大地影响着网络消费者的行为。一般来说,消费者要实现商品的搜索和比较的话,即在对商品差异化认知的过程中,信息搜寻、评价比较以及决策思考都需要花费消费者大量的时间和精力,也就是说消费者的认知过程是有机会成本的,机会成本与商品价格一起构成了消费者购物的总成本。在传统实体市场中,由于消费者认知的机会成本非常高,所以消费者也不太可能有效地实现大量搜索商品信息,对商品质量及价格进行对比等,因此其购物决策往往是以是否符合自己需要和偏好为标准做出商品的选择;在电子商务市场中,通过使用网络商店自有的搜索引擎或第三方比较购物代理等一些智能化的工具,消费者可以花少量的时间和精力就可以实现大量搜索商品信息,对商品质量及价格进行对比等行为,网络消费者认知的机会成本显著降低,从而能够做出更符合自己需要和偏好的购物决策,提高了购物决策的质量和效率。因此也就更加吸引消费者进行网络购物。

总之,网络企业应重视消费者购买过程的影响因素,并将之充分利用,促进购买行为的发生。

2.4.3 购买行为的发生过程

网络消费者购买行为的发生过程就是网络消费者购买行为形成和实现的过程。我们把网络消费者购买行为的发生过程分为七个阶段来进行分析。

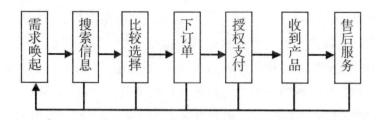

需求唤起时购买行为的发生过程网络购买行为发生的第一阶段。消费者的需求产生来源于两个方面,一源于自己对某个商品功能的需要,二是种商品或某种服务激发了消费者的兴趣,内外相加,便生发出了购买欲望。这个生发过程就是需求唤醒的过程。因此,要唤醒消费者的需求,网络商家亦可以从这两个路径出发:一是诱导内在需求的产生。这就要求网络商家注意调研、挖掘网络消费者的消费需求并对其进行持续关注,并通过网页上文字的描述、图片的展示以及功能的介绍等激发消费者对这种商品或服务的需要。二是利用外界刺激内在需求。当发现消费者需要某些功能的商品之后,网络商家就应该研发这些商品,开发商品的相应功能;有针对性地了解这些消费群者对该商品或服务的需求状态,更为重要的是,要了解消费者消费需求的诱发条件,在此基础上设计促销手段,有针对性地唤起消费者的需求欲望。

搜索信息是网络购买行为发生的第二阶段。当购买者的需求得到确认以后,便会围绕自己存在欲望购买的商品进行信息搜集——除非自己要买的商品已经经历过多次购买。一般来说,消费者会通过内部渠道和外部渠道两个途径来搜集商品信息。内部渠道是指消费者自身在长期网络购买过程中积累起来的相关信息和相关经验。外部渠道则是指除自身之外的包括私人渠道、商业渠道和公共渠道等。私人渠道主要指同事和亲朋好友等。商业渠道一般指通过商业机构提供的渠道;公共渠道一般指政府和其他组织的渠道。为了实现购买行为,网络购买者会极其主动地通过网络来进行信息收集。在这个信息收集的过程中,消费者在搜集查询自己所需要的信息的同时,又会接触到网络上的其他信息,成为隐性的消费需求。

比较选择是网络购买行为进行的第三阶段。比较的目的在于消费需求与购买能力相匹配。消费者会通过网络提供的各种渠道进行商品的信息汇集,然后对汇集而来的资料进行比较,强化对自己所要购买商品的特点和性能的了解,然后从中选择最为满意的。一般说来,消费者对商品比较选择的综合评价点侧重于商品的功能、价格、物流以及售后服务等。因为网上商品呈现的只是与之相关的图片、文字及一些其他买家的评论,于是,网络商家对自己的产品描述得如何,买家评价如何的数据就成为消费者比较选择的重要依据。所以,网络商家一方面要关注网页界面对商品的介绍,一方面要关注商品的质量所带来的买家的评价,这样才能在消费者的比较选择中脱颖而出。

下订单是网络购买行为进行的第四阶段。这是一个与传统购物相区别的阶段,在传统购物过程中没有这个环节,消费者只要做出了选择,就交钱拿产品。网络购买行为则不同,网上购物必须通过一个网络媒介环节来连接消费者和卖家,使双方达成买卖的约定,这就是下订单的环节。

授权支付是网络购买行为进行的第五阶段。这也是一个与传统购物相区别的阶段,在传统购物过程中没有这个环节,消费者只要做出了选择,就直接交钱拿产品。网上购物则不然,消费者确定要购买该商品之后,其支付的完成与收付的实现都与传统面对面的支付与收付有了极大的差别。网络消费者和商家之间有了一个第三方中介机构来帮助完成货款的支付与收付。从消费者的角度来说,有两种支付方式,一种是线下的,收获的时候将货款交予送货的第三方,一种是在线的电子支付,如通过"支付宝"等网络第三方企业帮助完成货款的支付与收付。

收到产品是网络购买行为进行的第六阶段。消费者在完成支付之后,网络商家就会通过物流系统,按照消费者提供的地址将商品派送给购买者。在这个过程中,物流系统就显得尤其重要了,方便、快捷、便宜的物流系统是确保商品完好无恙,消除消费者不安全感的重要环节,因而,一方面,物流系统如何进一步完善,是促进网络购买行为良性运行的关键,另一方面,网络商家选择一个高质量高效益的物流快递,也是影响消费者购买商品与否的考虑要素之一。

售后服务是网络购买行为进行的最后阶段。一般情况下的商品买卖可能不需要这个环节,或者说,有些商家开通的售后服务环节的功能之一在于回访,对已经完成买卖行为的消费者进行回访,获取他们对于整个商品购买行为的体验的数据,为网络商家进一步完善自己的市场提供依据。当然,售后服务的重要功能还在于对商品买卖后存在争议的处理。当消费者买到的商品与其预期相差很远,或者说真的存在商品瑕疵的话,他就需要商家给予一定的处理措施,即这里所谈的售后服务,处理得比较好,得到了消费者的满意认可,那么就会增加消费者再次光临该商家的可能性,反过来,处理不当,处理服务态度不好的话,商家就有可能流失这个消费者。所以,大多数企业都极为关注自身的售后服务。

从如上七个阶段的分析来看,其中任何一个因素都关系到消费者是否做出购买的决定。所以,对于网络商家来说,在任何一个阶段上都要密切关注网络消费者,为其购买行为的实现提供良好服务。

2.4.4 非理性购买行为

从国内外关于非理性购买的研究文献来看,各位学者从不同角度论证消费者存在非理性购买行为。

对于消费者的非理性购买行为的概念,学界形成了一定的观点。从国外研究来看,国外学者对非理性购买的定义都比较笼统。丹尼尔·卡纳曼认为,非理性行为是指个体违反效用最大化、偏好不一致的一种行为[①]。Simon 则认为,

---

① Daniel Kahneman, Amos Tversky . Prospect Theory: an Analysis of Decision Under risk [J]. Econometrica, 1979, Volume 47:263 – 291.

非理性是指个体违反效用满意感①。Simon 的定义引起很多学者的争议,Schiff-man 指出评估满意感是一个主客观差异非常大的过程,消费者自身认为非常合理的行为,可能在别人的观察看来是不理性的,这个评估过程通常是建立在消费者个人的需求及社会经验之上的。② 从国内研究来看,丘秋水、陈碧霞指出,非理性消费是指消费者在某些心理和精神层面因素影响下做出的购买决策,诸如消费欲望、情感和观念等③。赖泽栋从满足理性购买行为的条件着手,从反面来对非理性购买行为的概念进行定义④。他的研究指出,一个理性的消费者(至少是一个有限理性的消费者),必须满足以下四个条件:目标明确、高卷入度、信息处理能力强和信息足够。目标明确是指消费者购买行为发生时有着非常明确的目标指向,追求效用最大化原则;高卷入度是指消费者在购买商品时表现出特有的关注度;信息处理能力强是指消费者必须有强大的信息处理能力;信息足够是指消费者必须有大量的信息可供加工。因此相对应的,非理性的消费者则是违反了这几个条件中的一个或几个。

综合起来看,我们认为,非理性购买行为就是消费者从产生需求开始直至把产品购买完之后的这一段过程中所体现出来的非理性行为。我们之所以做一个这样的界定,是有些消费者从购买产品前到购买产品时体现非理性行为但到购买之后或消费产品时却显得非常理性,甚至后悔其购买行为,并有要求退货等理性行为的发生。"消费者购买决策就是从产生需求或渴望开始,一直到购买的时间点的这段时间的消费者所做的决策就是消费者决策。"⑤为此,非理性购买是从消费者产生需求到做出购买这段时间所体现出来的非理性行为。从理论上以及现实的呈现来说,大部分消费者的购买行为是有限理性的。我们可以从理性购买行为的发生为切入点来更深入理解非理性购买行为。要对非理性购买行为做出合理的理解,可以从满足理性的条件上着手,从其反面来理解非理性。

站在消费者行为学角度来分析,一个理性的消费者(至少是一个有限理性

---

①　Herbert A. Sitnon. A Behavioral Model of Rational Choice [J],Quarterly Journal of Economics,1995,69(1):99–118.

②　Leon Schiffman,Leslie Kanuk. Consumer Behavior[M]. 10th ed. Prentice Hall,2009.

③　丘秋水,陈碧霞. 消费理性与非理性[J]. 经济论坛,1999(12):20–21.

④　赖泽栋. 非理性购买决策与行为研究[D]. 厦门大学,2007.

⑤　D'Antoni Joseph S. , Jr. and Sherson Howard L. Impulse buying revisited:A behavioral typology [J]. Journal of Retailing. 1973, vol. 49:63–79.

的消费者),必须满足以下条件:一是购买目标明确,即理性消费者在购买时明确追求产品或服务的效用满意化(效用足够大)。也就是说消费者在购买产品时,对买什么产品或服务来已经有了非常明确的认知,购买之前会有一个购买计划。因此,购买目标明确的消费者一般不会违背满意选择。二是高卷入,指消费者在购买产品时所体现出高度关注。理性消费者会对购买的产品有足够的重视,在关心对一个产品的评价时,更会进行复杂的判断加工来回避犯错误。三是信息处理能力强。一个理性的消费者必须有强大的加工信息能力。这里的加工信息能力强是指智力上正常和具有一定的教育背景。四是信息足够。一个理性消费者必须有大量的信息可供加工。虽然不能说理性消费者具备信息要绝对完备,但必须是信息相对充分,信息足够用。这里的信息不仅包括购买产品信息,还包括其他相关信息。如果不满足如上四个条件的话很可能会导致非理性购买行为的发生,即呈现出相对应的非理性购买行为的特质:其一,消费者购买目标不明确。消费者在购买产品时如果目标不明确,那么导致什么结果呢? 消费者不明白购买什么来较好地满足自己,这会导致决策不是最优或是次优,违反个人满意度。换言之,消费者在购买之前没有事先计划买什么,"非计划购买的原因之一是消费者可能寻求多样性和新鲜感,进而在冲动的基础上做出购买"①。非计划购买经常是冲动性购买,显然这是一种非理性的购买。其二,产品低卷入很可能会导致非理性购买行为的发生。其三,信息处理能力弱。消费者处理信息的能力很弱的话,那么他无法对产品做出合理的分析和评价,最终无法做出满意的购买决策。一般认为,个体的知识背景越高,越不可能产生非理性购买决策,个体的知识背景越低,越可能产生非理性购买决策。俗话说,隔行如隔山。普通买者对于专业技术性很强的产品信息难以充分理解。还有一种情况,潜在购买者信息处理潜在能力是足够强的,但是在外界的某些刺激作用下或内部情绪作用下,当时的处理信息能力严重下降,导致信息处理能力临时变弱,在这种状况下,消费者很容易产生非理性购买。其四,信息缺乏。如果一个消费者如果对产品的信息完全不了解或基本不了解,没有产品的相关知识的话,让他对产品做出理性的分析和评价则是不可能。因此很可能导致非理性的购买从四个条件来看,前三个是关于消费者本身的原因,也就是说非理性消费者在购买之前和购买决策时的认知加工很弱,很少思考过或考量过购买

---

① [美]亨利·阿塞尔著. 消费者行为和营销策略[M]. 北京:机械工业出版社,2000:105.

行为。第四个条件是关于满足消费者非理性购买的外在客观条件。总的来说，非理性购买是在消费者没有思考过或无法思考下，在信息相对不充分下做出的购买决策。

那么，有些什么因素在影响我们的非理性购买行为呢？其一，消费者的情绪会影响非理性购买。当心情很好的时候，会干扰消费者对商品的基本认知，引导消费者在对商品进行简单判断的基础上就进行购买，产生非理性购买行为。不好的心情如何呢？如霍金斯所认为的那样："负面的心情也会增加某些类型消费者的冲动性购买。"①其二，限时限量让利促销更容易使消费者产生非理性购买。这个在类似"双11"这样大型的限时限量让利促销活动中体现得淋漓尽致。其三，广告容易使消费者产生非理性购买，尤其是那些广告情节动人，能引起消费者情感共鸣的广告更是容易把消费者带入非理性购买。还有，在权威媒体、权威人士代言的广告也更容易引起消费者的非理性购买。其四，品牌形象好的产品更容易使消费者产生非理性购买。经历过了长时间的历史发展且仍然占据市场的品牌，那些能代表消费者形象的品牌更容易受到消费者的追捧，进而产生非理性购买。其五，周围的同事、朋友会在一定程度上影响消费者的非理性购买行为，尤其当同事、朋友使用过某种产品且觉得不错时，消费者会因为跟风、模仿而购买此产品，可能不去考虑其他因素。其六，据人口统计变量方面的数据，女性比男性更容易产生非理性购买；长期在农村生活的消费者比城市生源的消费者更倾向非理性购买；独生子女比非独生子女更倾向非理性购买。

---

① ［美］德尔·I.霍金斯,罗格·J.贝斯特,肯尼思·A.科尼著,符国群译.消费者行为学［M］.北京:机械工业出版社,2003:527.

第3章 网络经济下的垄断与竞争

研究网络经济的垄断与竞争,有助于我们加深理解网络经济下的市场资源配置与市场结构情况,有助于了解网络经济的运行规律,有助于网络企业理性地认知网络经济中的竞争与垄断,为其制定强有力的竞争策略提供参考与指导。

3.1 市场与资源:网络经济下的资源配置

3.1.1 资源配置下的市场

网络经济下的垄断与竞争与资源配置机制密切相关,而资源的配置离不开市场。传统的资源配置理论认为,计划和市场是资源配置的两种经济手段。进入市场经济之后,市场在资源配置中起到的作用越来越突出。

在市场经济中,市场在资源配置中起基础作用。这一基础性作用表现在:首先,市场通过对生产和流通的调节作用实现对资源的配置。其次,基本经济活动联系主要是通过市场作用实现的。再次,企业接受市场的调节,进行自主决策。这种基础性配置是通过市场机制来实现的。从市场价格的角度出发,市场价格会显示出产品的稀缺程度,从根本上反映了市场的供求关系。当价格信号发生变化时,市场经济主体出于经济利益和竞争压力,必然且一定要做出灵敏、及时、有效的反应,迅速调整生产以适应需求。这样一来,生产要素的组合发生变化,资源的利用方式也发生变化,从而市场对资源进行了一次重新配置。然而当经济主体接受价格调节时,他们并不清楚改变多少供应量才是正确的,对此,哈耶克认为市场提供了一种"试错"的功能来解决这一问题。即市场通过试错的方式来寻求供求的平衡和资源配置的优化。而之所以采用"试错法"是缘于这样一个假设:即没有人知道均衡价格和均衡产量,而只有通过市场不断的试错才可能得出均衡点的解。

随着信息技术的发展和网络的出现,这一试错过程正发生改变。首先,网络改变了试错过程中博弈主体,由原来的多个卖主对多个买主转变为多个卖主对一个买主的博弈格局。这样来实现源于网络提供的一种竞标交易技术,即消费者通过网络公布他的需求,这一需求会被多个卖主发现,并由卖主之间通过竞价的方式达成交易。于是,一位顾客的需求可能成为总需求,关于均衡价格与均衡产量的信息就可能获得。其次,网络改变了试错过程的效率。网络的重要特征在于,它为供需双方提供了大量可以共享的信息,并且为交易双方提供了进行快竞价、竞速博弈的平台。这为减少市场试错的次数及频率提供了保障,无形中提高了市场对资源配置的效率。最后,网络节约了试错的成本。这个是试错成本包括交易过程中发生的交易费用。买主可以通过网络形成聚集性的虚拟群体,以集体竞价的形式与卖主谈判,实现买方可能获取更多的消费者剩余的结果,这样就为买主节约了交易费用和试错成本,同时也使得市场所追求的帕累托效率更加符合社会道德评判。

网络经济下,资源配置效率得到了明显提高。当然,它仍以真实市场为基础,市场力量仍然决定网络经济中的资源配置,只不过与工业经济时代不同的是,网络经济的市场权力由卖方转向了买方,由此,资源配置的特点也由于网络的存在而发生了变化。

3.1.2 网络经济的资源配置特点

与工业经济相比,网络经济的资源配置呈现出如下特点。

第一,"资源"内涵的扩大化。在《辞海》中,对资源的解释是"资财的来源"。经济学中则一般将资源定义为用来生产满足人类欲望的"经济品"的要素,称为经济资源或生产要素。工业经济中的主要资源包括劳动、资本品、自然资源及企业家才能等。可以说工业社会是以机器为中心的,资本品所带来的规模效应是工业社会价值创造的核心法则。

在网络经济中,"资源"内涵被扩大化,机器不再是对整个国民经济增长起关键作用的要素,信息和网络成了网络经济中的核心资源。网络经济资源配置的核心问题是信息资源的配置和被数字化的实物资源的配置。所谓"被数字化的实物资源"是指那些工业社会中所依靠的大量的物质资源通过网络实现虚拟化、数字化和符号化，作为一种电子信息在网络平台上参与市场配置。

第二，市场配置功能的分化。现实中网络把一些实物资源信息化、数字化了用以在网络平台上进行配置，但是我们知道，网络平台不可能完全替代真实市场，它是与真实市场相并立而存在的虚拟市场，形象的描述是，我们可以从网络上下载各种无形的信息，但却无法下载我们所需的各种有形的物质生活资料。

因此我们可以说，网络经济下市场资源配置出现了两条路径，一条是通过虚拟的网络市场处理信息流，提供交易磋商的平台，一条是通过真实物理市场处理物质流，提供生产配送和消费的过程，网络经济中的市场对资源配置的过程分成了两个相互联系的场域，虚拟化、数字化的网络市场负责通过供需接触形成对资源配置的要求，真实化、实物化的真实市场则负责执行这种要求，完成对资源的配置。

此外，网络还不仅仅是真实市场的虚拟和信息平台，因为网络还提供了真实市场难以提供的信息共享和信息消费。由此，网络经济中的市场对资源配置的功能进一步扩大了：除了依托真实市场完成对实物资源的配置。还可以以共享的方式对信息资源进行分配，为更有效地利用提供条件。

第三，均衡价格的个别化。工业经济条件下，均衡价格被认为是市场试错的结果，并且这种均衡价格是市场上多个消费者与多个企业进行多方博弈的结果。在网络经济条件下，随着消费者消费需求的个性化和差异化，企业所提供的产品和服务也必须与个性化和差异化相呼应。有意思的是，现实中网络提供了这样一种拍卖机制来满足这种个性化，其运作的基本过程是消费者公布他的需求，并可自行先喊出一个价格，然后由多个卖者来竞标。这样就产生了一个现象：同一产品市场由于这种消费的个性化分化为由单个消费者形成的、众多的小市场，其市场均衡价格必然出现个别化，即一个消费者和一种商品就组成了一个市场，而一次交易价格也就是一种均衡价格。

同时，网络经济的均衡价格是"事先"达成。在网络经济下，一个消费者、一种产品就是一个市场，均衡价格可能在一次商品交换之前就已形成。例如在定制化生产条件下，商品交换之前由谈判所形成的成交价格就是均衡价格，交易双方先达成价格一致后，企业才进行定制产品的生产和商品占有权属的转让。此时，均衡价格是事先达成。

第四，市场失灵的加剧化。弗朗西斯·包里考德指出，后工业社会的问题之一是社会没有适当的机制去决定越来越多的"公共财货"的分配，即"市场失灵"现象。这个问题在网络经济中在两个方面反映出来：一个是信息可共享的条件下如何决定信息服务的合理配置；另一个则是网络经济条件下的社会决策问题。在网络时代，市场失灵的问题可能更加严重。对待可能更加严重的和新的市场失灵，政府需要新的干预手段和方式。所以，网络经济虽以自由决策的市场经济为基础，但它还要求在分散决策的基础上进行协同，由此来减少可能出现的"市场失灵"，提高资源配置的效率。

3.2　与竞争相伴：网络经济的垄断

资本主义经济里的垄断是指"少数资本主义大企业，为了获得高额利润，通过相互协议或联合，对一个或几个部门商品的生产、销售和价格进行操纵和控制"。[①] 在网络经济时代，垄断仍然是一种普遍的经济现象，有其形成机理，也有其新的特征。

3.2.1　网络经济下垄断的形成机理

网络经济具有不同于传统经济的特征，因此，网络经济时代下垄断的形成机理也不同于传统垄断的形成机理。

第一，网络外部性、正反馈、需求方规模经济。网络外部性指"一种产品对用户的价值随着采用相同产品或可兼容产品的用户数量增加而增大"[②]。网络自身的系统性和网络内部各组成成分之间的互补性是网络外部性产生的关键原因。在使用网络产品时，每个消费者的效用取决于购买同样产品其他消费者的人数，因此消费者倾向选择拥有或将会拥有最多用户的厂商，这样导致最初拥有竞争优势的企业，当使用某种产品的用户超过临界容量时，由于网络外部性形成的正反馈会自发地增加使用该产品的用户数量，市场占有份额急剧提高，市场垄断性迅速增强，甚至形成"赢者通吃"[③]的局面。

第二，技术创新、专利、标准。技术的超前和创新是网络经济下信息产品市场垄断形成的关键因素。一般情况下，创新性技术是不太容易扩散和难以模仿的，因为绝大多数的信息产品、数字产品有知识产权和专利法的有利保护，这样

---

① 垄断的含义. https://baike. baidu. com/item/垄断/649481？fr = aladdin.

② 网络用户所能得到的价值分为"自有价值"和"协同价值"两部分，"协同价值"就是网络外部性的经济本质。

③ 赢者通吃：表现为一家公司或一种技术支配或主宰整个市场。

的话创新企业对潜在进入者就形成较高程度的技术性进入壁垒。与此同时,绝大多数的创新型企业都会采取多种影响消费者预期的策略,以此实现行业市场偏向和消费者数量规模的控制,最大限度地扩大市场所占份额,构筑使网络效应发生正反馈机制作用的临界规模,更进一步提高了潜在进入者进入市场的难度。

技术垄断出现专利技术标准化的新趋势。标准增进了兼容性或互联性,通过扩大网络为用户产生更大的价值,标准成为企业的核心竞争力,企业控制了产业标准,也就确立了自己在市场中的垄断地位,并在很大程度上操纵产业发展的方向,使潜在进入者在竞争中处于被动地位。在这种情况下,很多产品技术创新、知识产权、技术标准交织在一起,对消费者形成强烈的锁定。网络经济下最终锁定在哪一种技术上很大程度上取决于早期使用者的行为。

第三,先行者优势。先行者优势就是企业采取先动策略,以最快的速度迅速拥有市场最大份额,从而取得市场占有优势,构筑起市场进入壁垒。先行者优势的先动策略主要从下面几个角度进行。

其一,价格。网络经济下的价格与传统经济下的价格存在一定的差别,其主要特征为:初期产品的成本非常高,但随后的产品成本则会迅速降低。导致这个现象产生的主要因素是网络经济下企业生产的主要是信息技术产品,而信息技术产品具有其自身所拥有的特殊的成本结构,即前期产品的研发、推广投入非常大,这些投入费用多为固定成本且沉没,所以,很明显,第一件产品的成本非常高昂。不过,第一件产品成功出来之后,后续产品的生产就只是一个复制成本的过程,而且是一个低成本的复制过程,是一个不追加投资的基础上反复利用的复制过程,而且,随着用户数量的增多,平均成本就会不断地下降,边际收益递增。信息技术产品不仅自身具有收益递增的特点,还具有正的外部性,会使其他投入要素的收益递增,并改变各要素在生产过程中的结合方式,产生一个"收益递增的增长模式"。当企业抢先推出新产品,通过渗透定价甚至免费派送吸引消费者使用,建立用户安装基础,最早达到临界规模。一旦超越临界规模,企业就可利用经验曲线保持低成本和高质量,并且通过合并、捆绑交易、排他性交易和掠夺性定价等使竞争对手处于不利地位,构筑较高进入壁垒。

其二,偏好和忠诚度。消费者偏好和忠诚度是时间的函数,存在累积效应,市场中先行企业进入行业的时间越长,消费者对其产品越忠诚,偏好也越稳定。因为对于某一类产品,顾客认知的时间和空间都是有限的。消费者的知识存量会引发其自身产生对变化的抵制力量,而且,消费者对外部世界的认识具有容易被过去的经验所锁定的特征,因为,消费者为准确地获得他所关注的商品信息,往往需要耗费一定的时间和精力,还可能要花费较大的资金,所以消费者不会轻易改变他已经储存起来的相关信息,这些相关信息积累到一定程度就演化为偏好和忠诚度。当消费者的偏好、忠诚度形成之后,他对其他品牌商品的关注与认可就会迅速削减。从这样的理论分析来看,很明显,先进入市场的商品品牌占据消费者的关注与认可的概率肯定要比后进入市场的要大,因而它占领市场的机会也要比后进入的要大。当然,并不是所有的先进入市场的就一定能占领市场,后进入的就一定不能占领市场,其间是要受除此之外的多个因素的影响。

其三,转移成本。转移成本是指消费者在选定某种信息产品后,要转换为新的信息产品过程中所要花费的成本。一般来说,一个个体或者是一个企业是否要进行使用品转移,取决于对转移成本和效益的权衡。当转移成本超过了消费者或企业所能承受的底线,或者说没有足够的收益吸引的话,消费者或企业就不可能进行转移。所以,在网络经济市场中,某种具有一定规模优势的产品一旦被市场锁定的话,就意味着它已经被市场所认可,被消费者所认可,而要打破这种锁定,则需要花费相当大的转移成本,这转移成本的存在会使得已经占领市场的企业的规模经济效应被成倍放大。

其四,路径依赖。路径依赖指消费者由于最初选择的历史而产生的依赖,可能会导致市场选择收敛和偏向于优势企业,最终促成了被选择商家在市场中极其稳固的且不容易被动摇的市场力量,在此基础上市场需求还会进一步扩大,当扩大到其产品达到临界容量的时候,其产品就能充分占领市场并成为市场的标准。

第四,细分优势。网络经济下,竞争的方式已演变为价值链与价值链之间的竞争,在专业分工越来越细的基础上,通过对价值链进行细分化的"解构",加速了企业在特定细分的环节上形成了独特的、有价值的核心知识和能力,并且由于这种核心知识和能力缺乏竞争性,无法通过交易从外部获得,从而难以模仿和替代,企业由此具有了异质性,在这个细分的价值链环节上实现垄断,获得持续的有价值的竞争优势。

其次,产品差异。在商品极大丰富的背景下,消费者的需求也日趋呈现出多样化、柔性化、个性化的特征,并且随着时间变化而在持续地不断发生变化,这就必然会带来商品差异化的需求,企业在竞争过程中也必然会关注通过实施产品差异来适应消费者的需求,甚至给消费者创造需求,使得产品具有强大的吸引力和不可替代性,以此实现控制市场的能力。

3.2.2 网络经济下垄断的新特征

第一,网络经济下的垄断具有竞争性和暂时性的特征。垄断的竞争性指网络经济下产生的垄断,与传统垄断的产生是有差别的,它是由于具有创新性的技术、品牌、知识及差异等导致的市场力量的形成,具体表现为,在市场竞争过程中,独家或少数几家企业凭借其现有的产品和服务技术、质量、价格与效率等方面的优势逐步形成的市场势力,是处于支配地位的企业在竞争性发现和适应环境变化的市场过程中不断进步的结果,从本质上来说,垄断的竞争性就是一种竞争过程产生的市场竞争力。垄断是竞争过程的内在趋势,竞争具有一定的垄断性质。垄断的暂时性是指,在持续的动态竞争的环境中,企业是不可能长期保持持续的垄断地位的,只要存在垄断利润,成功的垄断者所创造的垄断租金会吸引更多的争胜的创新者,就会受到来自新进入者的严峻挑战,这是任何企业因为创新或发明所产生的知识,经过在市场上一段时间的流行之后,都会通过企业间的相互学习相互沟通而转变为公共知识。市场上现有的垄断者有被取代的可能,有被那些采用了更好技术或具有更强创新能力的新的竞争者所代替,这种内生于争胜市场竞争过程的科技发展是一种打破市场势力稳定性的强大力量。所以,在网络经济下具有的垄断态势,是动态竞争过程的暂时性结果。这种垄断的市场地位不可能是固化的,因为争胜的市场过程必然会带来新的思想、新的变革、新的需求和新的供应的出现,必然会成为改变原有企业垄断地位的新生力量。

第二,网络经济下的垄断是动态效率的垄断。垄断企业是经历市场激烈竞争而生存下来的最优效率的企业,而且在某个范围某个时间段是具备持续的竞争优势的,高利润就是对企业的这种相对持续的竞争力的报酬,但是,高利润是一种动态性的高利润。网络经济下的垄断一般都是企业技术创新导致的结果,技术创新具有越是难以模仿的特征,那么,企业家的需求曲线就越缺乏弹性,就能获得高利润。但是,网络经济下的特有的信息和知识所固有的扩散性和共享性特质,使得市场上的任何一个垄断者都很难长期独占这些资源。创新是每个潜在企业挑战在位企业垄断地位的最优方式,从静态来上来看,授予企业创新的专利权使企业产生一定的垄断权,于是,对这种垄断权的追求激发更多的企业进行研究和创新,因此也就形成了垄断、竞争与技术创新三者互为激发、互相促进的态势。另外,由于消费群体具有代际性,随着外部环境各种要素的变化,会带来新消费的不断出现,就会带来新的垄断的产生,这便是动态效率的垄断。

第三,网络经济下垄断呈现以跨国公司为主导的跨国垄断。伴随着全球化、信息化、网络化的时代变革,不同经济形态、不同发展阶段的国家都被纳入同一个网络市场之中,大批集生产、投资、贸易、金融、技术为一体的跨国公司迅速成长起来,而这些公司都是属于掌控了知识、信息的发达国家的,它们也就成为国际生产一体化网络的载体和组织,成为发达国家全球扩张的载体和组织。跨国公司借助其全球性规模经济和范围经济,最大限度地降低成本,建立起了世界范围的竞争优势。这种基于全球范围的竞争优势所产生的进入壁垒,是经营范围在一国的企业所难以克服的,这使得网络经济下的垄断具有了跨国垄断的特征,并且,这种在全球市场中获得的垄断地位比之在一国一地区范围内形成的垄断地位可以维持更长的时间。

长期以来在顾客消费过程中形成的根深蒂固的品牌形象以及由此生发出的对公司及其产品的高度认同感却无法模仿与替代的。而且,跨国公司的品牌中所蕴含的长期性、整体性、国际性、知识性和创新性等特质已经深深烙印于品牌之中,是其他竞争者无法逾越的强大壁垒。

跨国公司的品牌战略的有效推进得益于现代信息技术的广泛应用。网络经济下现代信息技术的广泛应用缩短了时间的约束,缩短了空间的距离,强大的广告宣传能力能够穿越时空与顾客相拥,使其品牌能迅速地为顾客认知、理解、接受和认可。在这样的进程中,世界民族文化依赖于现代信息技术,在网络空间交汇、流动和碰撞,甚至产生出新的生活方式,新的消费文化,这一切都将与巨大的信息流一起渗透世界各个角落,加速了消费者市场的同一化。跨国公司的品牌战略也随着这一洪流席卷全球,公司品牌声誉也深入消费者,这样,其他竞争者进入此行业的壁垒也无形增大。

3.2.3 网络经济下垄断的绩效

第一,网络经济下的垄断带来了产品的低价、高产,且使消费者福利增加。在传统经济理论中,市场存在资源稀缺的特性导致市场价格由成本和供求所决定,处在垄断地位的厂商往往采用限制产量的同时,通过提高价格的方式来获取超额利润。这种垄断使得部分社会资源被限制而产生了净损失,同时也扼杀了消费者的购买选择。网络经济改变了这种现象,网络经济的条件下的垄断企业没有动力,也没有能力通过减产的方式来提高价格。这是由如下两点决定的:一方面,信息产品具有高固定成本、低边际成本的特点。如果产品扩大生产量的话,那么,平均摊在每一单位产品上的固定成本就变得更少,即产品的平均成本是伴随着产量的增加而在不断地降低的。这样的话,企业不会选择限制产量。同时,那么,垄断企业也不会提高价格,因为垄断企业提高价格的一个重要前提就是没有竞争者的威胁。但是,在网络经济下的垄断是竞争性垄断,处在暂时垄断地位的企业,随时随地都在面临着进行性的竞争,所以只有保持低价格才能保持有利的竞争地位。另一方面,由于我们前面所述的网络经济自身的一些特点,占有垄断地位的企业总是希望通过其产量的优势来降低成本进而最大限度地满足所有市场需求,由此导致有利于垄断企业战略市场的网络规模效应。这样的话,垄断企业不存在产生限制产量的动机,如果网络企业进行限产的话,无疑会使得其产品的网络规模逐渐变小,其价值就不会继续增加,对消费者的吸引力就会下降,这并不利于企业生产者。总之,与传统经济下的垄断不同,网络经济下垄断者不会限制产量、也不会提高价格的方式赢得市场优势,相反,采取不断向消费者提供质量更优、价格更低的产品的方式稳固其垄断地位。

第二,网络经济下的垄断促进了技术创新和市场竞争。传统经济学理论认为,垄断市场结构下,企业使通过掠夺性定价等手段来获取高额利润的,因此,企业没有足够的动机去通过技术创新获得垄断地位,技术创新缺乏动力也缺乏市场。相比较而言,网络经济下的竞争性垄断市场结构则有利于或者说更容易激发企业进行技术创新。首先,信息和知识这种资源因为现代信息技术的发展而带来了共享性特质,企业无法长时间独占。其次,市场的进入和退出机制非常灵活和开放,几乎没有障碍,随时面临着竞争和被淘汰,企业不敢停滞不前。这样,就会激发垄断企业进行最大限度地开展产品、技术研发活动,始终保持由创新的特质。并且,新技术的研发使需要巨额资金提供支持的,有实力的垄断企业能长期为新技术的研发承担巨额的资金,并承受研发失败的风险,如果新技术的研发成功的话,在渗透定价策略下,企业很快能获得规模经济,这又为企业进行技术创新积累了资金,彼此之间形成了相互加强的趋势。因此,网络经济下技术创新的速度越快,也就意味着市场竞争越激烈。技术创新也可能为小企业提供成长为大企业的契机,新企业的不断加入会加剧市场的竞争程度。如此分析看来,网络经济下的垄断并没有抑制技术创新,反而加速了技术创新的速度和质量,当然同时也带来了市场竞争的加剧。但我们从中也能够清晰地看到,在技术创新和技术进步越来越快的条件下,新技术缩短了产品的生命周期,使产品更新换代的速度越来越快,这又会带来另一种现象的发生,即企业的一部分投资并不一定能完全收回,这在一定程度上也会打击企业技术创新的积极性,导致在前面投入的成本收回之前,企业是不愿意在新技术的研发中再投入更多的资金和人力的。

第三,网络经济下的垄断带来了网络外部性或致市场高效率。网络经济下的垄断绩效与网络外部性和兼容性也有着直接的关系。通常情况,网络外部性很强,市场竞争就激烈,那么就会导致一些企业无力负担而退出市场,从而就会形成独家垄断,这是社会最优状态。但如果是生产成本较高的企业通过网络外部性获得垄断地位,就会造成市场的无效率。如果是生产成本低的企业垄断市场,就可能导致市场的高效率。网络的兼容性,使相关网络的消费者增多,导致消费者福利增加。

3.2.4 网络经济下政府对垄断的规制

网络经济下的垄断与传统经济下的垄断有着巨大的区别,这就要求政府进行对垄断的规制时,采取与传统经济下不同的政策和方法。

第一,网络经济下垄断的判定。首先,市场结构通常采用市场集中度,也就是市场占有率来反映。如果只采用市场结构来判定垄断,那么将会损害消费者福利和市场绩效。因为在网络经济下,由于需求方规模经济和锁定效应的存在,出现市场占有率较高的企业是必然的。其次,若只采用市场绩效来判定也是不尽如人意的,因为绩效好的企业不一定在市场上占据了垄断地位,并且绩效的衡量标准也没有常态化。最后,采用市场行为判定垄断具有一定的合理性。因此,同时采用从市场结构、市场行为和市场绩效三个标准来判定网络经济下的垄断,具有一定的客观性。

第二,调整规制目标和规制对象。传统经济学中,政府反垄断的目标主要是限制垄断地位,维护竞争者权益。但在网络经济下,垄断企业随处可见,并不断向消费者提供质优价廉的产品,如果限制垄断地位,就意味着对规模经济、技术创新的抑制。所以,政府反垄断的目标应该转向维护市场公平竞争、促进技术创新和维护消费者权益。凡是在市场上不断进行技术创新,不损害消费者利益并遵守竞争秩序的企业,政府都不应该设置障碍。网络经济下出现竞争性垄断的市场结构是必然的,但这种垄断没有使得竞争程度减弱,也没有损害消费者的福利,反而更加促进了技术创新,加剧了市场竞争。因此,政府真正要规制的不是垄断结构,而是滥用市场权力的垄断行为,它包括以谋求高额利润为目的的一系列活动。这些垄断行为会导致资源配置的效率的降低,甚至有可能对其他竞争者的利益和消费者的福利带来损害。

第三,建立新垄断衡量指标体系,加强国家间合作。因为网络经济下产品的市场结构具有竞争性垄断的特质,所以传统经济学下用来判断垄断程度的指标已经不适用于网络经济条件下的垄断判断,取而代之的是企业行为。有些在传统的反垄断法属于垄断行为的指标,在网络经济下的性质和合理性也都发生了变化。如今还没有明确的判定指标,这就需要政府根据网络经济的特点来建立一套新的垄断衡量指标。当下,信息资源在已经全球范围内自由而有效地流动,跨国垄断也成为必然,这就要求各国在反垄断过程中加强合作。各国达成协议,不能只把本国的经济利益放在首位。中国在反垄断过程中,要注重保护市场竞争环境,鼓励企业创新和积极参与全球的垄断性竞争。

3.3 与垄断同行:网络经济的竞争

网络经济下的垄断具有竞争性,竞争亦是网络经济市场中的典型态势。网络经济下的竞争既有传统经济中竞争的某些特质,同时也存在自身独有的特点。

3.3.1 网络经济的竞争特点

第一,网络经济的竞争呈现国际化特征。网络的出现极大地促进了跨国生产经营和兼并行为的发生,企业竞争的范围扩展到整个世界而不是仅仅局限于某个局部地区,国际竞争已经成为一种极为普遍的现象。新型的全球生产经营者借助现代电子信息网络,追求一切最有利的投资机会,把他们的企业扩充成了世界性公司,占据了世界市场。

第二,网络经济的竞争采取企业联盟的方式。网络经济中的竞争不再是单打独斗的方式,不是在单个企业之间进行,而是通过企业联盟的方式进行的竞争。因为网络经济下的外部环境有利于企业联盟方式的产生和运用,一方面,由于网络经济使上游企业和下游企业供货与销售合同的机会成本提高,从而密切了上下游企业之间的联盟关系;另一方面,价值链的整合也降低了联盟企业的竞争风险,提高了联盟企业在竞争中的抗打击能力。

第三,网络经济的竞争扩大了企业竞争的领域。网络经济为企业提供了一种可以全面展示产品和服务的品种、数量、质量以及后续服务的虚拟空间,使企业从常规的产品设计与包装的竞争、广告竞争、促销手段竞争,扩大到了无形的虚拟空间竞争,诸如企业网页界面设计的竞争、网络广告的竞争,以及域名竞争等等。

第四,网络经济的竞争对交易量大的企业有利。网络经济具有固定成本投入高,变动成本低廉的特征。从而使那些具有高额资金投入、产品交易量特别大,或产品年批发数量大,或消费者用户多的企业更易于占据市场优势,更易于获得高收益。所以,与此相对应又会形成某种循环,那些交易量庞大的公司比交易量少的公司在发展网络化的态势上又更容易获得竞争优势。当然,我们这里所讲的交易量大的企业并不一定是传统意义上规模大的企业。

第五,网络经济的竞争下,知识和技能较多的企业可获得较高利益。降低了社会总交易成本是网络经济的重要特征之一。不过,社会总交易成本下降带来的好处并不是被所有企业间一起平均分配的,而是非均衡分布的。这种非均衡分布表现为,有较高的获取知识和技术能力的企业,将从交易成本降低中获得更多的竞争优势,反之,那些在知识和技术上获取能力较低的企业,则从交易成本降低中获得更少的好处。

第六,网络经济下竞争更加激烈、更加残酷。与传统经济相比,网络经济的竞争是一种跨时间、跨空间的竞争,竞争对手的竞争方式、手段、途径、目的、竞争能力的大小都隐性地存在于虚拟空降之中,很难有针对性地进行对抗,而且,马太效应在网络经济中的作用更加明显,也更加突出,一旦某一企业确立了竞争优势就会形成网络通吃的局面,而极大弱化其他企业的竞争能力,这些都使得网络经济的竞争更加激烈、更加残酷。

第七,网络经济竞争下,消费行为资本化。消费行为资本化是锁定消费者注意力的方式之一。消费行为资本化在生产中表现为职工持股,在保险业中表现为投资型保险。在网络经济竞争种,消费行为、生产行为、投保行为以及上网行为均被资本化。其本质原因在于,消费者的注意力属于企业的无形资产,但这种无形资产如果没有没锁定的话,是会随时变化的,以此,必须锁定消费者的注意力才能为企业带来长久利益,没有锁定的注意力,是不稳定的注意力。要锁定消费者注意力,没有资本层次的合作是不行的,这样消费行为资本化就成为企业锁定消费者注意力的途径之一。

3.3.2 网络经济的竞争原则

网络经济有其固有的发展规律,因此也有其特殊的竞争原则。

第一,主流化原则。我们把为了赢得市场最大份额而赠送第一代产品的做法称为主流化原则。争夺市场份额或争夺顾客成为企业取得竞争优势的重要通道,一个企业如果在市场占领的份额越大,那么它的获利也就越多。在网络经济中,很多成功的公司都采用了主流化原则,低价推动的正反馈机制是主流化原则的灵魂,一般采用的方式是降低成本、降低价格、锁定特定的用户群、发展长远的顾客。网络经济的主要成本发生在初期建立数字产品和基础设施的阶段上,花在后续扩张上的成本不大,而不断开发出新产品,不断改进生产流程和技术方法是降低成本的优化路径。

锁定客户就是一个使客户坚持使用而不放弃企业的产品的过程。这个锁定过程有可能是源于客户自身的原因,比如客户由于长期形成的习惯,不太愿意改变自己的使用习惯而坚持长期与一个相对固定的公司发生经济关系,不喜欢变换。对于企业来说,可以通过比如降低价格优化服务来锁定顾客。

第二,个人市场原则。传统经济偏重于大众性原则,即针对全体顾客大批量生产商品,就形成了一种大众化方式销售商品的原则。网络经济下则发生了变化,中则不然,开始采用个人市场原则,或者说出现了"柔性生产"技术。即在网络大数据的帮助下,由于互联网的互动作用,企业不仅可以轻松地获得消费者的具有个性化特征的消费信息,并对其进行跟踪研究,有针对性地对消费者进行营销、宣传、把高质量的个性化的产品或服务推送给消费者。虽然针对个体消费者个性化产品或服务的成本可能比较高,消费者的购买成本也更高,但因为具有个性化特征而更能激发出消费者的购买欲望。这就是企业的个人市场原则。如果公司能在遵循个人市场原则和达维多定律相结合使用,能帮助企业拥有更大的增长潜力和更强的竞争实力。

第三,特定化原则。特定化原则离不开个人市场原则,个人市场是特定化原则实现的基础,其核心在于紧盯个人市场中某类特定顾客。该原则主要有两个环节:第一个环节是选定特定顾客,充分了解这类顾客具有代表性的习惯、偏好或品位,根据这些特征生产出相应的能满足其需要的产品。第二个环节是,依此产品寻找具有相同特质的潜在客户,对其进行归类成为一个特殊的固定的消费群体,围绕这个特殊的固定群体进行产品销售。特定化原则就是围绕这两个环节进行不断的循环往复:从跟踪调查单个顾客的消费行为开始,总结出其特殊的潜在需求,开发出产品,以产品去寻求同类客户,并将其归为同类客户群,然后将相关数据输入电脑,开始采取多种方式进行营销,如发出广告、设计有针对性的购物指南等等,甚至可以推出打折优惠等策略。

第四,价值链原则。所谓价值链是指由一种产品生产经营的多个增值环节构成的整体。我们可以从三个层面来理解价值链原则:其一,公司应该注重价值链的整合,注重整个价值链的增值,而不应该拘泥于价值链某个分支某个环节的增值。其二,公司应尽可能多地从价值链的各个分支、各个环节中赚取尽可能多的利润,因此,最大限度地占有价值链上的分支是产品获得成功的关键环节。其三,公司应缩短价值链,获取由被砍掉的价值链分支曾经获取的收入。在网络经济中,某些中间环节没有存在的必要,相应的某些中间商也不需要了,消费者可以直接面对产品制造商或服务提供商,直接与其进行交易这是网络经济的最大特点之一。在这期间,缩短价值链而得到的利益隐性地被网络公司、产品制造商和消费者共同分享。

第五,适应性原则。网络经济社会导致市场呈现出瞬息万变之势,企业如果要保持竞争力的话,就必须能随时根据市场的变化及时调整公司的经营策略,或者是不断优化其组织结构,使之具有相当大的足以适应市场的急剧变化的弹性,这便是我们所说的适应性原则。我们从三个角度来认识企业的适应性原则。一是企业产品的适应性。即企业产品或者企业服务能够适应消费者消费需、消费行为的变化脚步。二是企业行为的适应性。即企业行为能够跟上市场变化的节奏,能够承受并接受市场对产品或服务进行评价的方式和结果,而且能理性地接受评价并以此作为持续改进产品的依据。三是企业组织的适应性。即企业内部组织要与市场同步,要能在变化多端的市场中保持生命力。在网络经济中,高度的适应性也是推动企业发展一个不可或缺的要素,因为网络企业面对的是一个大量信息快速传递且急剧变化的市场,面对的是全球范围的竞争对手。因此,成功的网络企业应该把企业看成是一个有机体,使之能感受环境,且适应环境,甚至能够改变环境,最终成为适合市场生存的有机体。

3.3.3　网络经济竞争模式

由前述我们看到,网络经济下竞争的特点、原则都发生了巨大的变化,那么与之相应的竞争模式也会发生变化,会呈现出一定的典型特征。

第一,竞争寡头化。从现象上来说,网络经济与传统经济一样,也会出现竞争寡头化的趋势,但与传统经济的不同,价格竞争是寡头相互间竞争的主要工具和手段。其原因在于,网络经济下产品的需求弹性很大,市场发展空间的弹性也很大,运用价格竞争能够有效地刺激潜在的需求,从而达到扩大市场容量的边界的目的,由此在众多的竞争对手中可以占据绝对优势,成为市场竞争的主导者。因此,网络经济寡头竞争的特点在于采用价格竞争作为主要手段,反过来,价格竞争又加快了寡头在市场上的出现。

第二,战略兼并与重组。与市场竞争寡头化相适应,网络时代条件下企业的竞争策略有向战略兼并与重组(或称并购)的发展趋势。战略兼并与重组会带来两种现象,一是出现具有一定竞争优势的寡头企业或具有寡头性质的企业,一是减少市场上出现竞争对手。与过去相比,网络经济下的企业在兼并和重组方面更具有战略性,也是新竞争战略模式的一个重要表现。经济学家用效率理论和市场力量理论来解释重组现象。效率理论认为,在并购之前,两个企业各自都无法达到并购后企业总的管理、经营和财务效率,存在着管理、经营和财务资源等方面的极大浪费。通过两个企业的并购,企业可以使 A 公司的过剩管理资本与 B 公司非管理性组织资本有效结合,实现生产领域、研发领域和营销网络的核心竞争能力充分融合,并且增大公司的负债能力,带来融资费用和税收的节省。市场力量理论认为,企业存在的目标是要获取利润,是要在市场上压制竞争对手,提高自身的市场占有份额,以达成垄断目的。一般说来,横向兼并的市场力量在于,兼并会减少同一行业内部的企业数量,企业数量的减少促使行业中的成员更容易通过共谋来获取垄断利润。纵向兼则由于同时在生产的两个以上的阶段经营要比在单一阶段经营所要求的资本知识更多,纵向一体化可造成较高的进入壁垒。

第三,企业的竞合与战略联盟。企业竞合的出现是一种从防御的角度同其他企业合作,即企业要占据市场,不仅展开必要的正面竞争,还要开展为了竞争的合作,依靠合作来竞争,从而提升企业竞争力,这就是网络经济下战略联盟所带来的企业间新型"竞合"关系。在企业竞争理念的基础上,产生了竞争企业相互之间的战略联盟,主要是指企业双方或多方在具有重大战略价值的领域或环节实行合作,企业之间的战略联盟通常以明确的协议方式加以确定。企业间实现战略联盟的形式非常多,比如股权安排、合资企业、研究开发伙伴关系、许可证转让等。企业间实现战略联盟存在参与度的问题,有的企业参与度低,有的企业参与度高。绝大多数企业在联盟参与程度的问题上,基本上呈现出从低度参与逐步向高度参与的渐进式过程,这个过程的深度取决于彼此之间的相互磨合、相互了解和相互信任程度。

第四,快速抢占市场。这是从抢占市场的时间上与传统竞争模式相区别的地方。传统模式奉行"水到渠成",网络经济时代则奉行快速度,强调企业在取得竞争优势上所耗费的时间要比传统模式更短。即尽可能在最短的时间内快速抢占市场是网络经济下的一种新的竞争模式。当然,并不是所有的快速抢占市场都能成功。

第五,全球市场竞争及其本土化。伴随着电子信息技术的不断扩大化,国际上的企业竞争特别是大型企业的市场竞争,越来越聚集于全球市场。所谓"本土化"即指跨国公司在东道国的投资与经营活动中,有意识缩小与当地经济与文化等方面的差异,淡化企业的原有国色彩,特别注重于人事管理上以及和零部件生产上实行本土化的经营策略,使之成为地道的本土公司。

3.3.4 网络经济下企业竞争策略

网络经济时代的竞争是持久的,垄断是短暂性的,要保证市场中的主导地位,企业需要采取与之相应的竞争策略。

第一,技术联盟策略。网络经济下任何一个企业以其有限的资源和能力,不可能长期保持某种产品的技术优势,也不可能长期拥有生产某种产品的最优生产技术。因此,一些网络企业开始在竞争中寻求自己的技术伙伴,建立起技术联盟。企业的技术联盟侧重于共同研究开发新技术、新产品,而且,企业之间要共享信息资源,以期实现技术上的优势互补,使得企业双方都能获得最佳的经济效益。

第二,产品差异化策略。在工业经济时代,成批生产规模的扩大导致计件成本下降。在信息化生产中,少量生产的单位产品成本几乎不会比大量生产的单位产品成本高,适合顾客个人需要的生产甚至更加有利。由此看来,在网络经济中,按需生产将导致新型的生产者——消费者关系,即消费者可扮演参与生产过程的"生产消费者"新角色,体现出消费者市场主体化的特质。事实上也已经证明了,网络信息时代已经使全球各地的市场透明度达到从未有过的程度。因此,追求产品的多样化、差异化已然成为企业提升竞争力的有效的可行的途径。

第三,合作式竞争策略。共同合作基础上的竞争,其结果可能是竞争双方或多方均获得利益,这是一种"双赢"甚至"多赢"模式的竞争。网络经济给企业创造了合作的可能性,而企业从自身利益的角度出发,也理性地认识到合作式竞争比排他性竞争能给企业带来更大的利益,因而合作竞争成为网络经济下企业的当然选择。

3.3.5 网络经济中不正当竞争行为

根据新修改的《反不正当竞争法》中第二条关于不正当竞争行为的规定,互联网不正当竞争行为可以表述为:互联网领域中的经营者在其经营过程中,不遵守法律的相关规定,损害其他竞争者以及消费者的合法利益,对竞争秩序造成损害的行为。"网络经济中的不正当竞争是网络经营者违背诚实守信、公平正义的商业道德,利用网络技术手段将无形的知识或信息转化为经济利益的一种违法行为。"①

第一,网络经济中不正当竞争行为可以从如下几个方面进行认定。

主体方面。互联网不正当竞争行为的主体应是互联网的经营者。我国新修改的《反不正当竞争法》第2条明确给出了经营者的概念,即从事商品生产、经营或者提供服务的自然人、法人或者非法人组织。

竞争关系的存在。互联网的经营者之间存在着竞争关系是适用互联网不正当竞争条款的前提,当互联网市场中存在具有市场支配地位的经营者并实施不当行为时,一般由《反垄断法》进行调整。传统的竞争关系指的是同业之间的竞争,即提供相同或者类似的产品、服务的经营者之间的竞争,但互联网的经营者虽然可能提供不一样的产品或者服务,但其产品或者服务吸引的是同一批网络用户,在此层面上这些经营者之间事实上存在着竞争关系。如果一味按着传统的竞争关系来认定竞争关系是否存在,实际上造成了损害的互联网经营者则可以以其提供不同或不相类似的服务当作抗辩事由,不利于构建互联网市场公平的竞争关系。并且很多互联网经营者早已突破了其最初经营的业务范围界限,将其业务拓展到各个领域,这些公司业务上存在着交叉重合关系,他们之间事实上存在着竞争关系。因此,应更广义地理解竞争关系,经营者之间具有竞争利益,互相争客户资源、争取竞争优势。

行为方面。首先,行为具有违法性,符合《反不正当竞争法》第12条规定的互联网不正当竞争行为;其次,行为具有不正当性,竞争是互联网市场中的常态,自由竞争的状态下损人利己也是常态,为了自己的利益很可能不自觉地损害了其他经营者的利益,因此应以谨慎的态度认定行为的不正当性。

后果方面。互联网不正当竞争行为损害的是其他经营者或者消费者的合法权益。其他经营者的合法权益表面看起来是经济利益的损失,但其本质上是交易机会或者竞争优势的损失。

第二,网络经济不正当竞争行为呈现如下特点。

网络经济不正当竞争行为难以被察觉。互联网本身就是一个虚拟世界,互联网中的行为通常具有很强的技术性,在后台中发布指令就可以在用户的客户

---

① 武晨.网络经济中的不正当竞争行为及法律问题探讨[J].太原城市职业技术学院学报,2013(10):87-88.

端实施一系列不正当竞争行为,很难被检测出来,具有很强的隐蔽性。正是由于这种隐蔽性,在不正当竞争行为实施后,受害者往往不能及时发现,有时是通过用户举报发现的,如果被发现后行为人停止实施该行为,不正当竞争的证据难以收集与保存,给司法实践中认定不正当竞争带来了很多麻烦。

网络经济不正当竞争的方式具有多样性。互联网已诞生几十年,技术日趋成熟,这为不正当竞争行为方式的多样性提供了条件。互联网中的竞争越来越激烈,竞争者会利用技术绞尽脑汁用各种方式去排斥其他的竞争者。现阶段互联网不正当竞争行为有域名、软件、搜索引擎、劫持流量等方面的不正当竞争,呈现多样化的方式。

网络经济不正当竞争行为危害大。传统市场中的不正当竞争行为实施后,往往不会立马产生危害,而是经过一段时间的沉淀,在特定的区域内产生不良影响。而互联网中信息的更新和传播速度很快,不正当竞争行为短时间内就可以给受害者带来巨大的经济损失,并且信息的传播无国界限制,不正当竞争行为也可能发生在不同国家互联网经营者之间。

网络经济不正当竞争行为违法成本低。互联网经营者不同于传统实体经济的经营者,不需要租赁或者购买店铺,也不需要花费装修费、水电暖等各种费用,仅仅需要支付互联网软件的开发费、维护费、使用费等费用,这些费用远远低于实体经济经营者的花费。互联网经营者实施不正当竞争行为,不需要大量的人力物力,可能仅仅修改一个指令、开发一个小插件、修改一下软件的后台参数等就可以完成一系列的不正当竞争行为。

第三,网络经济不正当竞争现象主要表现。根据《反不正当竞争法》,我们把不正当竞争现象可以划分为以下几类。

一类为域名方面的不正当竞争。域名是"代表用户申请加入网络系统的站点,它是连接到互联网上的数字地址的字符,具有像身份证一样的唯一性"。[①]互联网的每个经营者都会有自己独特的域名,消费者通过域名来区分不同的经营者,域名就是互联网经营者的"商标"。域名通常是经营者在商业领域中的信誉和声誉的象征,具有稀缺性特质,因此具有很大的商业价值和经济价值。正是因为域名身上所背负的巨大商业价值和经济价值,有关域名的不正当竞争屡见不鲜,主要包括以下几种:

恶意抢注域名。很多企业为了吸引其已积累的消费者,更希望注册与其企

---

① 范长军.德国反不正当竞争法研究[M].北京:法律出版社,2010:56 - 57.

业名称、商标相同的域名,有的人看到了其中蕴含的商业价值,会恶意抢先注册这些可能会从中牟取经济利益的域名。域名抢注分为两种情形,一种是由于域名的唯一性,抢注人并非出于恶意,而出于巧合将他人的名称、商标等注册为了域名,这种情形不属于不正当竞争行为;一种是恶意抢注域名,即注册人为了牟取不正当的利益,抢先把已经有一定知名度的企业的名称、商标注册为域名,抢注人通常会高价再将该域名卖给企业。恶意抢注域名的行为无疑违反了诚实信用的原则,不仅给企业带来了经济损失,还扰乱了市场的竞争秩序,是典型的互联网不正当竞争行为。在厦门"金宝莱"被恶意抢注一案中,厦门金宝莱整体家居有限公司于 2005 年注册了"金宝莱"这一商标并一直处于使用状态,并且为福建省著名商标。张某于 2012 年恶意抢注"金宝莱.com"这一中文域名,并企图以高价卖给金宝莱公司,双方未能就价格达成一致,后张某被金宝莱公司以不正当竞争和商标侵权为由告上了法庭。案中张某的行为就是典型的恶意抢注域名的行为,构成了互联网领域的不正当竞争。

盗用域名。盗用域名是指恶意将他人已有一定影响力的企业的名称、商标注册为自己的域名,并继续自己使用的行为。盗用域名与恶意抢注域名有一定的相似性,都恶意将他人知名的标识抢先进行注册,不过,恶意抢注域名进行注册的目的并不是为自己所用,其真实企图在于高价转卖他人以谋取其中的高额利益;盗用域名是行为人注册域名后自己继续使用,利用企业的知名度与影响力牟取利益。行为人盗用域名后往往会从事与先前知名企业相同或相类似的业务,消费者一般会不自觉将该域名与知名企业联系起来,误以为该盗用域名提供的产品或服务系知名企业提供,从而购买其产品或服务。这一行为不仅侵害了消费者的知情权和选择权,本该属于知名企业的经济收益也落入盗用域名行为人手中。还有一部分行为人在盗用域名后,会在该域名上发布一些影响先前知名企业声誉的消息,或者设置链接引导网络用户转向其他竞争者的域名等,这些行为不仅会对先前企业的经济效益造成损失,其严重性还在于,可能对企业的声誉造成损伤,给企业带来了负面的口碑影响和市场评价。

仿冒域名。仿冒域名是指对他人已经注册在先的域名或者商标等进行模仿,注册与之相似的域名,使消费者产生混淆,利用他人的知名度、影响力、商业信誉等,牟取不正当的经济利益。计算机只会识别并拒绝相同域名的注册,而无法禁止相似PH域名的注册,一些人就会别有用心地搭他人的便车,不付出任何成本就可牟取到本不属于自己的经济利益,损害其他经营者的经济利益。在凤凰网诉凤凰网贷一案中,凤凰网贷是一家经营互联网金融的公司,与凤凰网毫无关联,在其注册的"ifengdai. com"和"ifengdai. net"的域名中,包含了凤凰网"IFENG"这一商标,这一仿冒域名给用户造成了误导,误认为凤凰网贷是凤凰网的金融业务,对凤凰网旗下的凤凰金融造成了经济损失。凤凰网贷这一行为利用了凤凰网之前积攒下的良好信誉与口碑,通过网贷业务为自己牟取了不正当利益,是典型的仿冒域名的行为。凤凰网向世界知识产权组织申请仲裁,世界知识产权组织仲裁与调解中心的专家组认定"ifengdai"这一域名与凤凰网"IFENG"这一商标构成了混淆性相似,"ifengdai. com"和"ifengdai. net"域名将转移给凤凰网所有。

域名的反向侵夺。域名的反向侵夺指的是权利人对某一域名和与该域名有关的商标权是合法拥有的,另一个与该域名有关的商标权人为了达到自己能够注册的目的,恶意主张撤销该已经注册的域名。一般权利人先前注册域名的行为并非恶意抢注,也并没有给主张撤销域名的人带来不利的影响。在澳大利亚新森林一案中,澳大利亚新森林(New Forests)是一家私人资产管理公司,该公司对于 New Forests.com 这一域名申请了仲裁。新森林公司从 2000 年开始使用"New Forests"这一商标。但 New Forests.com 这一域名注册于 1999 年,早于新森林公司的成立日期和商标使用日期,被告不构成恶意抢注域题达成一致。最后仲裁委员会判定这一案件是收购未果的恶意仲裁,原告新森林的行为构成域名的反向侵袭。

一类为网络链接方面的不正当竞争。"网络链接是通过超文本标记语言,在相关图形和文本之间建立联系,从而可以由一个图形或文本进入另一个图形或文本。"①获得更多的投资和广告收益。互联网的经营者在设置网页时,考虑到网络用户的需求和自己的经济利益,往往会将相关内容的网页以网络链接的形式设计在网页之中,以方便网络用户点击跳转。但是在互联网经营者在自己的网页上链接其他经营者的网页,应该遵守诚信原则并征得其他经营者的同意。网络链接可以分为文字链接、图像链接、深度链接、加框链接和填埋连接。

文字链接通常表现为颜色鲜艳或加下画线的文字,网络用户可以快速识别出该文字的网络链接,通过点击链接到另一网页。在使用文字链接的情形下,网络用户可以清楚地分辨自己进入的是其他网页。但是网站经营者在设置文字链接时,要征得被链接的网页的经营者的同意,否则可能构成互联网不正当

---

①　严大香、邹忠民. 网络链接设置过程中的法律问题研究[J]. 现代图书情报技术, 2004(5):66.

竞争。因为网站经营者设置链接的目的是吸引网络用户的点击与关注,借此扩大自己网站的访问量,网络用户点击链接跳转网页更多是关注网页的内容而容易忽略被链接的网页名称,被链接的网页的推广可能会因此受到影响。

"图像链接是指由网页设计者运用超文本置标语言设计命令,将他人网站服务器中的内容直接在自己网页上显示,用户在打开网页时便可以即时浏览这些资源"。① 图像链接直接将他人网站中的内容置于自己网站中,直接省略了点击跳转这一过程,对提供原始内容的网站的访问量会造成实质性的不利影响,而自己网页的访问量却往往会因这些图像链接的内容有所上升,搭他人网页内容的便车,并且网络用户通常会误认为该网络链接的内容就是这一网站的原创内容。如果未经被链接的网页的同意,图像链接的行为就是互联网不正当竞争行为。

深度链接指的是网页运营者设置的链接跳过了被链接网站的主页,直接跳转到了其网站的分页,因网站分页相比与主页往往没有较强的标识性,不利于被链接网站的推广。网站一般通过将广告置于首页来获得经济利益,深度链接则直接跳过了其网站主页的广告内容,并且被链接网站主页的访问量也会因此受到不利影响,被链接网站的经济利益受到损害。如果链接网站和被链接网站是竞争关系,深度链接行为很容易引起网络用户的难以区分;如果链接网站和被链接网站没有竞争关系,被链接网站的影响力也会受到影响,都会构成互联网不正当竞争行为。

加框链接指的是网页运营者在自己的网页中加入一个或者数个框架,将其他网页的内容直接嵌套在自己网页的框架中,并且往往会将其他网页的名称和广告等隐藏起来,只显示自己需要的网页部分。一个网站上的加框链接可以嵌套不同网页的内容,加框链接容易使网络用户误以为框架内的网页内容为设链网页原创的内容,而忽视了真正的网页来源。加框链接行为无疑会降低那些真正提供内容来源的网站的访问量,不利于其影响力的扩大,再加上网站的广告被遮蔽隐藏,其经济利益也会受到不利影响。

"埋置链接中,服务商将他人的网站标识埋置在自己网页的元标记之中,在输入关键词搜索相关内容时,在用户未察觉到的情况下,自动链接到设链内容。"② 当网络用户利用搜索引擎搜索自己需要的内容时,搜索引擎会根据元标

---

① 王军凯.网络不正当竞争行为的法律规制[D].山东大学,2011:14.
② 王学先、杨异.论网络链接中的不正当竞争[J].学术界,2013(1):243.

记来识别内容的相关度,将搜索结果显示出来。设链的经营者将与自己不相关的他人的标识写在自己的元标记中,特别是一些影响较大、知名度较高的网站,当用户搜索这些知名网站时,设链的网页虽不相关却会显现出来,有的还会优先于知名网站。埋填链接这种行为阻碍了网络用户访问其想访问的网站,影响了被链网站的访问量,而莫名增加了自己网站的访问量,破坏了互联网市场公平的竞争秩序。

一类为软件方面的不正当竞争。软件作为互联网中信息交流的重要工具,其经常被互联网经营者当作用来进行不正当竞争的工具,软件方面的不正当竞争是互联网不正当竞争中占比最多的类型。软件可以划分为系统软件和应用软件,软件方面的不正当竞争一般指的是利用应用软件的不正当竞争。

软件攻击行为,指互联网经营者对他人软件恶意破坏相关数据,影响他人软件的正常运行。互联网中软件之间的冲突还是比较常见的,因为软件的运行环境、技术等存在差异,很可能出现软件之间的冲突和不兼容。在此种情形下,互联网经营者主观上也不具有恶意,我们不应认定这些冲突为互联网不正当竞争行为。那些为了争取自己竞争优势,恶意去破坏其他竞争者软件完整性、功能性的经营者,才应当被认定为互联网不正当竞争行为。通常实施的软件攻击行为具有很强的隐蔽性,给司法实践中的认定带来了很大的困难。

软件捆绑行为,指网络用户在下载某一软件时,在完全不知道的情况下,被顺便下载安装了其他一个或几个软件。通常捆绑下载的这些软件,与用户想要下载的软件在功能上没有相似性,无法满足网络用户的实际需求。更有甚者,在用户发现该捆绑软件之后,由于卸载该软件的专业技术性太强,导致用户无法卸载。软件捆绑行为在我们日常生活中屡见不鲜,通常表现为在下载的软件中强制捆绑其他软件,否则不提供下载服务;毫无任何提示将捆绑软件隐藏于用户希望下载的软件中;或者以用户难以察觉的方式提示用户下载捆绑软件,并且默认为用户同意。软件的开发者为了扩大自己软件的市场占有率和知名度,常常将软件捆绑于知名度更高、下载量更大的软件之中,以达到推广自己软件的目的。但该行为严重侵犯了网络用户的有关权益,对同业竞争的其他的软件也会带来不良影响,并且捆绑的软件往往是质量不高、缺乏创新性的软件,如果互联网经营者长久地通过捆绑来推广软件,也不利于整个互联网行业的创新。

恶意评价和不兼容的行为都属于对网络用户进行误导和欺骗的行为。有的互联网经营者为了达到打压竞争者的目的,会在自己的软件中诋毁其他软件,或者故意对其他软件实施冲突,网络用户就会拒绝下载或者卸载其竞争者的软件。需要注意的是,因网络环境或技术手段等影响,软件难免会出现不兼容的情况,成立互联网不正当竞争的前提是主观上对他人软件存在恶意。不兼容行为主要表现为先前安装的软件恶意阻碍后软件的安装下载或者后安装的软件误导用户卸载或者进行强制卸载先前安装的软件。不兼容行为多发生在安全类软件当中,安全类软件的功能是保护电脑的安全运行,网络用户对安全类软件更容易产生信任,因此安全类软件有更便利的条件去诱导用户排斥某一软件。恶意评价、不兼容的行为会蒙蔽网络用户放弃使用他人软件,侵犯了网络用户的知情权、选择权,损害了其他软件开发者的经济利益并造成了不公平的互联网竞争秩序。

利用软件恶意收集用户信息的行为。因为互联网是一个呈开放状态的信息储存平台,其传播速度也比较快,所以用户信息的开放度和传播度比之传统来说要大得多,而且事实也告诉我们,自互联网普及以来,网络用户的身份信息被盗取、泄露的事件较于以前大大增多。互联网中恶意收集用户的信息并以此用来牟利的软件一般不易被用户所察觉——它表面上就是一个普通的应用软件,有时它隐藏在别的软件中被隐性地捆绑安装。恶意收集用户信息的行为,侵害了网络用户的隐私权,而收集的网络用户的信息,无疑为自己带来了不正当的竞争优势,因为掌握越多的用户信息,越有可能吸引用户的注意,用户则更有可能选择自己的产品。

一类为搜索引擎方面的不正当竞争。搜索引擎是我们使用互联网过程中常用的工具,我们通过它可以搜索、集中整合一些用户的信息,按照一定的排列顺序呈现出用户需要的信息。在互联网中如果不借助搜索引擎去搜索的话,用户很难获得自己预期的信息,这样,搜索引擎的必不可少性决定了竞争的激烈性,其带来不正当竞争行为时有发生。

恶意的插标行为。通常实施插标行为的主体为安全软件的经营者,合理的插标行为本身并不是不正当竞争行为,当用户在搜索引擎中搜索信息时,安全软件会对赌博网站、色情网站、携带病毒的网站进行警告,以保障用户的电脑安全,这也是安全软件的功能体现。而恶意的插标行为,在未经过搜索引擎经营者同意的情况下,对他人可以正常运行无风险的软件发出警示,提示用户继续浏览存在风险,诱导网络用户放弃访问他人网站,进一步推广自己的网站、软件。

违反爬虫协议的行为。爬虫协议指"网络服务商可设立特定的电子文件来向搜索引擎示明自身哪些内容可以抓取,而搜索引擎则可以读取该文件来识别所在页面是否允许被抓取"。[①] 搜索引擎能够迅速筛选出用户需要的信息,是因为其预先存储着大量的信息和网页,爬虫程序根据爬虫协议来快速抓取用户需求的信息。每个网站都有希望推广的内容和不希望被抓取的内容,爬虫协议能够规制爬虫程序抓取的内容哪些是被允许的,哪些是被拒绝的。爬虫协议通常是由搜索引擎提供者自己制定的,其内容具有更强的主观性,不合理的内容也可有能构成不正当竞争行为。比如对抓取的主体、内容、路径等进行不合理的限制,以排挤自己的竞争对手或者违反爬虫协议中的合理内容均构成不正当竞争行为。

不合理的竞价排名行为。"竞价排名是搜索引擎关键词广告的一种形式,按照付费最高者排名在前的原则,对购买了同一关键词的网站进行排名的一种方式。"[②] 竞价排名本是互联网经济的一种推广模式,企业为了推广自己的产品支付相关的费用,搜索引擎也能获得自己的经济收益,企业的产品和服务也能够推广出去。合理的竞价排名行为并不构成互联网的不正当竞争行为。竞价排名行为扰乱了正常的竞争秩序时,才会构成不正当竞争行为,主要表现为两种形式:一种是竞价排名时经营者提供了虚假信息并引起了网络用户的误解,也就是用竞价排名的方式进行虚假宣传。另一种是经营者在竞价排名时,将他人已有一定知名度、影响力的商标、企业名称作为自己的搜索关键词,当网络用户搜索该知名企业时,这些无关的经营者却被搜索显示出来,令用户产生误认混淆,此种情况多发生于同业竞争者之间。不合理的竞价排名行为虽是互联网中竞争者所为,但作为发布推广的平台,搜索引擎有主动核验审查的义务。不合理的竞价排名行为不仅仅损害了网络用户的知情权和选择权,而且直接导致了经营者自己产品服务访问量的增加,其他竞争者的访问量的减少,为自己争取了不正当的交易机会。

第四,网络不正当竞争行为严重干扰了网络经济的发展,也给社会的发展带来了不利影响,所以,有必要从法律规范的层面来对网络经济中不正当竞争行为进行严厉的惩处。

首先,从立法方面的完善来看,在完善《反不正当竞争法》的同时制定网络专门法。我国的《反不正当竞争法》制定于 1993 年,于 2017 年进行了第一次修

[①]　萧明皓. 搜索引擎爬虫协议的反不正当争法分析[D]. 2014:1.

[②]　崔志恒. 网络新型不正当竞争行为的法律规制[D]. 天津工业大学,2012:12

订,2019 年进行了第二次修订,表明了我国政府能够及时与时代发展同步,对不正当竞争行为的法律规制予以了极大的关注。与此同时,我们还应更加关注有关网络专门法的制定。

其次,从司法方面的完善来看,要提高诉讼效率。诉讼效率的提升也是打击和防范网络不正当行为发生的途径之一。制定审限制度是提高网络不正当竞争诉讼效率的方法,就是根据案件的难易程度、审理级别的不同设定不同的审理期限,合理压缩各诉讼环节的时间。另外,设置合理的调配制度,合理调配各级法院中的人力资源来也可提高诉讼效率,如将本辖区内受理案件量少的法院中的法官或其他工作人员就近分流到案件量大的法院,协助其审理网络不正当竞争案件。

再次,从执法方面的完善来看,要进一步强化网络执法部门。一方面要强化网络执法机构的设置与建设,完善专门的针对网络不正当竞争行为的独立执法部门,以此提升处理网络不正当竞争行为的效率。另一方面要强化网络执法队伍建设,针对网络不正当竞争行为具有专业性和技术性的特征,在把专业的网络技术人员作为核心力量加入网络执法部门中来的同时,还要不断提高执法者的业务水平。

第4章 网络经济的运行

经过几十年的发展,我国的网络经济已渐成形态,网络经济的运行规律也已基本形成,其运行环境也逐步形成并呈快速发展态势。基于网络经济的非内生性、全球性及其发展的快速性,网络经济运行的风险控制亦成为我们应该认真关注的问题。

4.1 基础、特征与环境:网络经济运行特质

4.1.1 网络经济运行的基础

首先,信息产业是网络经济运行的强大支柱。信息产业是指从事信息的生产、流通和销售以及相应信息科学理论的产业。信息产业是一门带有高科技性质的服务性的新兴产业,它对网络经济运行具有非常重大的意义,是网络经济运行的强大支柱。其一,有利于各产业劳动生产率的提高。及时、准确、全面的经济信息的传递是信息产业的特质,这特质促进了劳动生产率的提升。其二,有利于国民经济结构上的调整。信息产业的发展因为其新进的科学技术特质而迅速地推动了技术密集型产业的发展,优化了国民经济结构的调整。其三,信息技术产业还加速了科学技术的传递速度,使得科学技术从创制到应用于生产领域的距离得到了急速的缩短。

正是由于这些优点,随着计算机技术的产生与发展,信息技术突飞猛进,信息产业也迅速发展。它的应用已经渗透到社会的各行各业、各个角落,极大地提高了社会生产力水平,为人们的工作、学习和生活带来了前所未有的便利和实惠。

网络经济正是在高度发达的信息产业的基础上运行的。

其次,电子商务是网络经济运行的商务基础。电子商务是以网络通信技术进行的商务活动。联合国国际贸易程序简化工作组对电子商务给出的定义是:"采用电子形式开展商务活动,它包括在供应商、客户、政府及其他参与方之间通过任何电子工具。如 EDI、Web 技术、电子邮件等共享非结构化商务信息,并管理和完成在商务活动、管理活动和消费活动中的各种交易。"①

电子商务的形成与交易离不开以下四方面的关系:一是交易平台。指在电子商务活动中为交易双方或多方提供交易撮合及相关服务的信息网络系统总和。二是平台经营者。指在工商行政管理部门登记注册并领取营业执照,从事第三方交易平台运营并为交易双方提供服务的自然人、法人和其他组织。三是站内经营者。指在电子商务交易平台上从事交易及有关服务活动的自然人、法人和其他组织。四是支付系统。是由提供支付清算服务的中介机构和实现支付指令传送及资金清算的专业技术手段共同组成,用以实现债权债务清偿及资金转移的一种金融安排,有时也称为清算系统。

我们可以把电子商务的基本特征概括为如下几点:其一,普遍性。电子商务不仅已经普遍适用于人们的工作、学习、生活和日常交往之中,从生产企业与流通企业到消费者,再到政府,都普遍地依托于电子商务进入网络经济的新空间。其二,便捷性。电子商务环境以其便捷的方式帮助人们解决了过去受地域限制的较为复杂的商业行为。比如,银行转账行为,在过去,银行转账一定要到物理空间的银行去办理,不仅存在时间上的问题,还存在现金携带的问题,电子商务则把这些问题都轻松化解,充分凸显了其便捷性特征。其三,整体性。电子商务能实现人工操作与电子信息处理的一体化,即通过电子平台,在规范工作流程的同时,还能使之呈现出最优化的状态,能把人工操作的内容和电子信息处理情况完全集合在一起,使得系统运行的严密性达到最大化,也使得人力和物力的利用率达到最大化。其四,安全性。安全性是电子商务的保障,它要求网络能提供所有网络用户在平台上使用时各种信息、各种操作的安全性。第五,协调性。经济活动本身就是一种人与人、部门与部组织与组织以及人与组织之间的协调过程。在电子商务环境中,它需要企业、网络用户、银行、物流、通信部门、技术服务等多个部门的协调合作才能顺利完成。

再次,网络产品的供给与需求是网络经济运行的产品基础。网络经济的运

---

① 陈平、王成东编.管理信息系统[M].北京:北京理工大学出版社,2013:196.

行研究需要从网络产品的供求即供给与需求关系的分析出发。

第一,是网络产品的供给分析。网络产品以知识和信息为主要生产要素,其典型特征在于其所具有的高技术性特质导致它的研究成本很高,既需要大量资金的投入,还需要大量技术人员的合作,需要技术人员的知识性投入,这些构成了网络产品的成本,称之为网络产品从想法变成为现实产品的固定成本,其中技术人员的科研性成本被称为"沉没成本",即如果停止产品生产或者产品没有成功的话,这部分就成本无法挽回。但是,如果网络产品研发成功的话,那么其边际生产成本就会很低。产品研制成功之后,接下来产品的生产只需通过不断复制就可以,其中花费的仅仅为复制过程产生的成本。而且,在网络产品虚拟空间的承受范围之中,增加一个服务对象,所耗费的边际成本也很低。这样,在产量增加和消费者增加、市场份额增加的态势下,网络产品的平均生产成本却是可以保持不断下降的状态,其产品平均成本曲线也就会随着这种状态呈现不断递减的趋势,这种递减的趋势会一直持续而不会有那个最低平均成本点的出现。这种现象说明,网络产品的规模经济的效率是可以相对持续地存在,这和传统产品的规模经济不同,其平均成本曲线基本上只是在一个阶段上存在。由高固定成本和低边际成本组成的具有其鲜明优势的成本结构特征,会促使网络企业在生产产品的过程中或者说在产品供给上以追求高产量为目标,因为,高产量越大,其平均成本就越低。

由此看来,网络产品供给的主要特点是高固定成本与低边际成本的成本结构。

第二,网络产品的需求分析。与供给不同,从需求的角度来看,网络产品的特点是边际消费效用是递增。我们用一个例子来说明,比如当第一个人使用QQ 聊天程序时,其状态是它无法通过 QQ 聊天程序和别人进行联系,同时,也没有人和他通过 QQ 程序聊天,直到第二个人的出现,第二个消费者就可以 QQ程序与第一个消费者联系,接着就会出现第三个、第四个、第五个等等。我们假设第二个消费者的消费效用为 1 的话,那么第三个消费者的效用就是 2,这样第四个消费者的效用就是 3,这样的效用可以一直推演下去。这种现象的本质其实就是:越往后消费该产品的消费者获得的效用越高,最后的比之前的任一消费者获得的效用都高;每一个新消费者的加入都会增加原来的消费者的效用。那就可以得出一个结论,网络产品消费者的数量如果是呈现不断上升之势的话,该产品隐含的价值就越高。我们可以这样分析这种现象:当网络产品在市场上占有了一定的规模之后,对该产品由需求的消费者就会跟随着产品的生产而不断自我发展,产生出更多数量的消费者,更多数量的消费者随即加大了产品在市场上的占有额,形成了产品市场规模的进一步扩大,于是网络产品的价值在这个过程中也将得到迅速膨胀,反过来,一旦产品的价值得到膨胀,它又会引发更多的消费者追随,由此就出现了产品正反馈效应,所以网络消费者对网络产品的需求直接影响产品的市场规模。

4.1.2 网络经济运行的特点

不同于传统经济运行模式的网络经济自然也会呈现出符合自身发展规律的特点。

第一,市场规模决定网络产品的成败。在传统经济中,决定产品价值或者说决定产品是否能占据市场,是否能取得成功的主要因素是产品的价格和产品的质量。这点在网络经济中则有了不同的表现,网络经济中决定产品价值的关键因素是市场规模,市场规模越大,产品的价值也越大,因此在产品质量稳定的情况下,市场规模因素决定产品的价值,决定产品的市场占有额,决定产品的成败。比如,微软的视窗(windows)系列产品被消费者广泛使用而占据了巨大的市场份额就是一个突出的例子,而与之相类似的 BIM 的操作系统则与之命运不同。其质量并不逊色于微软的 windows 系统,但它之所以没能占据市场,无法和微软 windows 系统的市场份额相比较,其原因就在于 BIM 操作系统市场规模较小而无法产生因市场规模带来的效益,特别是产生不了给消费者带来的消费效益,因此购买的消费者就相对比较少。windows 系统则不同,它具有较大市场规模带来的规模效益,这效益亦可以分享给消费者,使消费者受益,故而其产品价值更高。由此看来,在网络产品经营的过程中,不仅要关注产品的质量,同时要更为关注产品的规模,由规模带来市场份额的扩大,市场份额大的网络产品就能取得竞争优势而获得成功,反之,市场份额小的网络产品因为市场份额不占优势而失败。

第二,正反馈。在传统经济模式中,当一种商品的价格因需求增加而上涨时,生产者会增加供给,而消费者会减少需求,从而对价格上涨形成某种抑制。这种负反馈机制会使市场的某种失衡得到缓冲和纠正,直至重新恢复均衡。

但是,在网络经济中,需求的增加会使网络产品的价值增加,从而创造出更多的需求,同时更多的供给会降低产品的平均成本,使网络企业能提供更多的供给。这种需求和供给的正反馈机制使得网络经济的发展有可能呈现某种自我强化的"滚雪球"效应,而非仅仅是自我恢复均衡的效应。正反馈的结果是

"强者越强,弱者越弱"。

第三,"赢家通吃"。"赢家通吃"是指赢家获取一切,败者一无所获。美国人弗兰克和库克在两人合著的《赢家通吃的社会》中论述了"赢家通吃"的普遍性和合理性。网络产品的"赢家通吃"现象表现得更是明显。"赢家通吃"的理解可以从两个角度出发:

一是梅特卡夫定律,网络产品本身就有对市场规模的要求,某产品市场规模越大,价值就越高,消费者越愿意消费该产品。网络产品拥有一定的市场规模后,正反馈规律就发生作用了,市场规模大的产品会越来越受到消费者的青睐,市场份额会越来越大,消费者会集中选择消费该产品。简单地讲,由于网络产品和服务本身对市场规模的要求,某产品市场份额越大,价值就越高,消费者越愿意消费该产品,因此,到竞争的最后,消费者会选择消费同一种产品。而网络产品生产的边际成本很低,只要某家企业能够提供足够的产品,那么,这家企业就赢得了绝大部分的市场份额,它就会成为市场的占有者或者说统治者。

二是"锁定"和"转移成本"。我们先来看"转移成本",一般来说,我们要熟悉一个软件或一个系统的学习成本是极高的,是要付出巨大的时间成本和精力成本等。因为这是一个从一个信息系统转换到另一个系统,从放弃原先的知识和经验,到重新接受训练,重新熟悉新软件操作的过程。我们把这个过程中的成本称为"转移成本",即消费者从一种旧的产品转换为使用另一种新产品时必须付出的设备更新、学习等成本。当转移成本高到一定程度时,用户就会被"锁定"。比如,消费者对软件的使用,当我们选择了某种软件产品,花了大量的时间、精力对该款软件进行学习和使用,并达到了相当熟悉的程度,那么在这个时候,即便是一个可能更好的软件出现在他面前,而是他也会选择继续使用他所熟悉的原先那个软件,而不会轻易变换,这就是"锁定"效应。

在网络经济市场中,规模优势必然会带来竞争优势,而市场竞争结果大多是强者越强,弱者越弱,甚至没有生存空间。其根本原因在于,一个已经占领了市场的企业,面对新进入的将与自己展开竞争的竞争对手,为提高消费者的"转移成本",增强"锁定效应",企业会采取将产品价格降到接近于零的博弈策略。一个无穷接近于零但大于零的单价与无穷大的信息产量相乘,收益仍然是无穷大,因此对该企业来说不担心降价,不担心降价带来的风险,甚至可以采取免费定价策略。所以,欲进入市场的企业面临着巨大的风险,因为存在极高的一次性固定成本,而且固定成本绝大部分是沉没成本(Sunk Cost),如果竞争不成功的话,后进市场的企业就无法挽回以前投入的成本。一般来说,这样的博弈结果就是在位企业继续占领市场,欲进入市场的企业没有获得成功而被赶出市场。这样无疑会使成功企业的规模越来越大,直到最后形成类似"垄断"的企业。因此,到竞争的最后,消费者会选择消费同一种产品,最后成功的企业只有一家。

第四,"主流化"营销战略。"主流化"战略可以简单概括为先低价销售或赠送产品,取得最大化市场份额,产品成为市场主流,从而实现"锁定"用户群,再通过产品升级、相关服务收费或会员费来取得利润的营销战略。

"主流化"的根本目标是锁定用户群,即采取方式使一大批用户因为不愿意学习使用另外的产品而继续使用已有的产品,或者因为要保持前后一致性而根本无法使用另外的产品,这样,已有的产品就有了固定的用户群,这些用户群就成为网络企业收受产品收费的固定群体。当然,锁定用户群也要注意策略,比如,不能收费过高,消费者一旦发现现有使用的产品价格明显高于其"转移成本",他肯定会义无反顾地选择另一种价格更低且效能一样的产品。企业在产品实现"主流化"后如何还能于锁定用户上再获取收益呢?产品的更新换代,用户必须购买以获取升级,这是一些网络企业采用比较多的一种方式。比如微软升级其操作系统就是这种模式。此外,开发于现有产品相关的附属产品或者产品服务也是再获益的方式。当然,这些获利的前提都是企业产品在市场上占据了主流地位,锁定了客户群基础之上才可行的。"主流化"战略已经被很多网络企业定位为其用来锁定客户群的关键战略,网络企业用此战略帮助它的产品占有比较固定的用户群,这样便能占据足够的市场份额,产品才具有竞争优势,否则就会被淘汰。归根结底,"主流化"营销战略显示了网络经济的独特的赢利模式,即通过主动占有市场份额的方式获得最大化收益。

第五,更加激烈的市场竞争。在传统经济时代下,企业进入市场之前需要准备大量的物质资源比如机器、土地、厂房等等,所以,从市场准入来说就比较高,因而进入的企业也相对会较少。网络经济时代则不同,知识是网络企业投入的主要要素而不是物质资源,在现代电子信息如此发达的条件下,企业获得知识的路径和方法都极为丰富,因此,以知识为主要投入的特征使得企业进入市场的准入门槛就相对比较低。准入门槛一旦变得很低,就为企业的进入提供了广阔的机会,因此就会带来更为激烈的竞争。

此外,除了准入门槛低企业数量增大带来的激烈竞争之外,网络经济的激烈竞争性还体现在竞争的内容上,即反映在产品创意的竞争上——在准入门槛起步差距不大的前提下,后续产品研发、生产就由产品的创意所决定了,市场竞争自然更加激烈。

第六,创业者多为技术人员。相对其他物质要素来说,知识是网络产品、网络企业的最大最核心的投入要素,而科技知识一般大多为科技人员所拥有,因此,参与网络产品研发的,并继而成功创立网络企业的,为技术人员。比如,微软的创办人比尔·盖茨是技术人员出身;网易的创办人丁磊曾经在中国电信担任技术工程师的职位,还在美国数据库软件(中国)公司担任技术支持工程师的职务;作为 8848 的创办人,王峻涛也有在美国硅谷从事计算机控制与网络技术的研究的经历;张朝阳作为搜狐的创办人,拿的是麻省理工学院的物理学博士学位,而不是哈佛大学的 MBA;新浪的创办者王志东在北大念的是无线电电子技术专业,而不是经济管理等。

4.1.3 网络经济的运行环境

网络经济有其独特的运行特征,这独特的运行特征源于其独特的运行环境。

首先是信息网络环境。网络经济运行的信息网络环境包括基于信息技术构建的互联网络及数据库系统的建设与应用,其中互联网络为网络经济运行中的信息流、资金流、物流信息的传输提供了一条广域性、高速度、交互性的信息高速公路,数据库则为网络经济运行提供了丰富的共享性信息资源飞根据梅特卡夫"网络的价值等于网络节点数的平方"的规则,信息网络的增值在于网络应用的扩张。

其次是产业环境。网络经济的主导产业是以信息技术为技术支撑的信息产业,主要包括电子信息产业、公用信息平台运营业以及基于公用信息平台的信息服务业等三大部分。信息产业具有的高倍增性、高渗透性和高带动性特征,为信息网络环境的建设和应用及传统产业信息化改造和结构升级提供了技术支撑和产品支持。

再次是投融资环境。信息技术发展的显著特征是技术高速创新并快速产品化和产业化,因此在其发展的不同阶段,对资本的需求差异较大,需要不同的投融资渠道来实现。技术研发阶段研究难度大,投入高,难以产生效益,一般应由政府设立的专门基金提供或由政府基金提供担保;成果转化阶段需要进行产品的反复试制、调试,成功和失败的可能性都极大,是一个高风险、高收益的阶段,符合风险投资的特征,其资本来源最适合风险资本;产业化阶段投资风险较小,收益按照产品生产周期波动,资金来源应以金融机构的贷款、上市公司的资本市场融资及企业利润等为主。

四是信用环境。网络经济运行的信用环境应包括完善的国家信用制度和信用运行机制。由于网络经济的全球化属性,经济行为经常发生在全球化市场上,一方面交易双方处于完全的"陌生人"状态,交易的实现必须以信用作为中介;另一方面,交易范围扩展导致交易成本上升,而成本的降低必须依靠现代信用关系的实现;另外网络化运营手段的运用,形成交易过程的虚拟化特征,虚拟环境下的信息流、资金流更易被改动和否认,由此大大增加了信用失范的可能性,这就亟需我们营造良好的信用环境来为其提供保障。

五是物流环境。物流是指以满足客户需求为目的,为提高原料、制成品及相关信息从供应到消费的流动与储存效率,而对其进行的计划、执行与控制的过程。其中包括物流作业系统和物流信息系统。物流中的信息系统运行可通过计算机网络得以实现,作业系统则由各物流节点配合专业化的配送系统实现。

六是制度环境。网络经济已经是渗透于全球环境中一种高度网络化及高度信息化和经济形态,网络经济运行的制度建设与完善不仅应该包括地域性制度的建设与完善,即基于每个国家不同的国情下的制度,还应包括全球性制度建设与完善,应包括国家与国家差异性协调制度的建设与完善。

目前,我国网络经济的运行环境还存在一定的问题,比如,信息网络发展不均衡,与发达国家相比有很多突出的劣势等。如何进一步加快和完善网络经济运行的制度环境、信息网络环境、产业环境、信用环境、物流环境,完善市场投融资制度和运行机制,形成结构合理的投融资体系,值得认真思考。

4.1.4 影响网络经济运行的因素

在宏观层面上,经济运行的基本规律并没有发生本质性的变化,因此,影响宏观经济运行的基本元素对网络经济的运行也产生了影响,只不过呈现出了与网络经济相对应的特点。

第一,通货膨胀。通货膨胀在网络经济中仍然具有产生与发展的可能性,仍然对网络经济的发展产生影响。只不过与传统经济下的通货膨胀产生的原因和带来的影响有一定的差异。

在一定的经济形态中,通货膨胀的发生源于市场中的企业对其产品生产所依赖的资源的过度竞争,就会带来通货膨胀的发生。工业经济中通货膨胀的产生源于两个方面,一是较长时期内对支撑工业经济增长的稀缺资源如原材料、能源以及劳动力等进行过度竞争。二是遭受到了外来的供给或需求的冲击。网络经济是以投入知识、技术等信息资源为特征的经济形态,这就削弱了工业经济中对类似于原材料等稀缺资源的依赖程度,隐性地提升了有形实物资源和人力资源的要素生产率,加速了经济增长。在网络经济下,如果对支撑信息产业的原材料和资源的过度依赖和过度使用以及过度竞争的话,同样会造成类似于工业经济下的通货膨胀。此外,网络经济下的特质是对高科技人才的重视,人才要素是网络经济发展的核心要素,如果对这个核心要素的供给跟不上需求的话,会造成人工成本的大幅提高,即会带来对人才要素的过度竞争,也会导致通货膨胀。我们可以看到,美国之所以出现保持其高增长、高就业和低通胀的经济态势,是与两个方面的原因有关,一是美国没有遭受到重大的经济发展所需要的原材料短缺的冲击。一是美国长期依赖开放的移民政策,该政策极大地补充了美国经济发展所需要的人才,避免了人才短缺的问题,避免了因人才短缺带来的竞争,因而呈现低膨胀的特点。

第二,社会分工水平。网络经济从广度和深度两方面促进了社会分工,社会分工的水平影响网络经济的运行。目前世界的社会分工状态取决于进一步提高生产专业化水平所带来的生产率提高的收益与同时引起的交易费用增加的代价这二者的均衡情况。网络的广泛应用带来了交易费用的大幅下降,导致了社会进一步分工提高生产率的收益远远高于由此所带来的增加的交易成本的结果,由此,网络经济下更深入的社会分工是必然的。

同时,日益加剧的经济全球化趋势通过网络经济更是激发了社会分工的产生。一方面,经济全球化趋势拓展了社会分工的范围,社会分工跨越了国界在全球范围内得以实现,使得世界上各个地方的各种资源都有机会得到充分的利用;另一方面,经济全球化趋势使全球的社会分工被进一步细化,细化到了每个产品的生产环节、甚至细化到了每个商品的生产工序,细化到了商品的任何一个层面。当然,这两方面的社会分工状态的实现都离不开网络来实现,都离不开网络经济环境,它在促进高度社会分工的过程中提供了生产效率,减少了交易成本;反过来,有效的社会分工,高水平的社会分工又影响着网络经济的生存和发展。

第三,市场结构。社会分工的不断深化导致中间产品也越来越呈现增多的趋势,并且,网络经济下消费者个性化伴随着多样化的需求也带来了市场上产品差异性的逐步增大,这两个因素的存在以及相互作用,便导致了网络经济市场结构的变动——市场规模的扩大和市场的进一步细分,甚至会引发竞争性垄断,对网络经济的运行产生极大的影响。

4.2 与传统的不同:网络经济运行的规律

网络经济有着经济运行的某些共性规律,但也有些经济运行规律已不适用于网络经济这个新型的经济现象,同时,伴随着网络经济这种新型的经济现象,也诞生了一些新的规律。

4.2.1 信息技术规律:摩尔定律和吉尔德定律

在当前我们所处的信息时代,经济比以往任何时候都更依赖于技术(特别是信息技术)的发展,信息技术的飞速发展,对网络经济的发展起到了巨大的推动作用。因此,信息技术的某些发展规律对网络经济的影响是显而易见的。在这些信息技术的发展规律中,最著名的两个规律为摩尔定律和吉尔德定律。

在摩尔定律中,信息技术的发展是推动经济发展的内在动力,而作为信息技术核心技术之一的计算机芯片技术的发展,对信息技术的发展起到了决定性的作用,芯片技术的发展呈现出了与过去任何一种技术的发展所不同的规律。

在吉尔德定律中,带宽终将接近于免费,每比特的费用将会遵循某条渐进曲线规律,在渐进曲线上,价格点将趋向于零,但永远达不到零。

4.2.2 由网络外部性引致的规律

网络外部性是一种积极的外部性,也就是说它有正的外部效应。由于网络外部性,强化了某些经济规律,主要有梅特卡夫定律、马太效应、边际收益递增规律。

梅特卡夫定律。一般来说,经济学理论研究的内容之一是资源是稀缺的,从而资源越稀有就越值钱。但是由于网络外部性,却出现了相反的情况,也就是说,对于某些商品而言,其价值与该商品的普及率成正比,这就是著名的梅特卡夫定律:网络的价值与网络节点数的平方成正比。

马太效应。由于在网络经济中正反馈是普遍存在的,从而强化了一种特殊的经济现象——马太效应。在极端情况下,甚至可能导致"赢者通吃,输家出局"的局面。

边际收益递增规律。边际收益递减规律是传统经济学的基本公理之一,但是在网络经济时代,边际收益递减规律却可能被相反的规律——边际收益递增规律所取代:边际收益随着需求量的增加而不断递增。目前,边际效益递增规律主要适用于某些数字产品的生产和消费,这主要是数字产品的网络的外部性较强,以及其成本结构的特殊性所致。

4.2.3 其他与网络经济密切相关的规律

消费锁定规律。所谓锁定是指由于各种原因,导致从一个系统转换到另一个系统的转移成本高,从而使得经济系统达到某个状态之后就很难退出,系统逐渐适应和强化这种状况,从而形成一种"选择优势",把系统锁定在这个均衡状态。要是系统从这个状态退出,转移到新的均衡状态,就要看系统的转移成本是否能够小于转移收益。网络经济条件下锁定是普遍存在的,其形成的原因主要有:赠送引发的锁定、合同带来的锁定、技术锁定、耐用品带来的锁定、专门的供应商带来的锁定等等。

主观稀缺性规律。在网络时代,由于信息的爆炸式膨胀,相对于信息供给的无限性而言,人们消费信息的能力——主观资源总是不足的。这里的主观资源主要包括注意力、倾听力、语音力、操作力和语言力等。

4.3 不仅是技术:网络经济运行中的伦理问题

从人的本质属性出发来研究的话,人类在社会中的各种行为最终都会涉及伦理问题,经济行为也不例外。因此,我们在研究网络经济的时候,既要研究它是怎样作为一种经济领域中的技术现象呈现在我们面前,以及其中所蕴含的经济规律,不仅把它作为一个技术现象,一种经济现象来研究,同时也要深度挖掘其中所蕴藏着的伦理问题。

4.3.1 网络经济伦理

网络伦理是现实社会伦理的延伸,是社会伦理在网络中的应用。网络本身作为一个工具,是没有善恶之分的中性物。但是应用网络的人就有了其主观意识,由此网络伦理应运而生。

"网络伦理指人们在使用网络时,形成的各种社会关系背后涉及的道德行为。"[①]可以将其分为狭义和广义两种理解方式。从狭义的角度来看,网络伦理就是指在网络这个虚拟环境中包含的道德行为。从广义上来看,网络伦理还包括网络行为对整个社会产生影响,形成的伦理关系方面。

———————————

① 严耕等.网络伦理[M].北京:北京出版社,1998:46.

把网络伦理置于网络经济运行中,我们可以把它理解为在网络经济运行的过程中所形成的道德行为和道德规范的总和。

4.3.2 网络经济运行中伦理失范现象

网络经济本身具有复杂性的特点,在整个运行的过程中出现了各种伦理问题,非常不利于我国社会主义市场经济的良性运行。

网络经济中的信息获取和使用问题。网络经济中的信息获取呈现出许多的优势,比如跨越时空、跨越身份的限制等等,但也还存在一些公平性问题,比如,由于身份、经济地位等的不同,网络经济中信息获取和使用还存在一定的区别,还不能真正实现贫民化和普及化,还存在一定的相对不公平等问题。

网络经济环境下的知识产权问题。网络技术发展带来了共享文化的迅速传播,共享本来是一种以不侵犯对方知识产权为前提的共享,但却相反,与传统社会相比,网络经济环境下知识产权的侵权问题比较突出,比如盗版行为等,这对于拥有知识产权的主体来说,不仅面对的是侵犯自己主权的问题,还要面对由此带来一定的经济损失,因此,知识产权的保护成了我们亟需认真面对的问题。

网络经济环境下的信息安全问题。特别是个人隐私安全问题。网络将个人在现实生活中的所有标记转化为一连串的数字符号,这些符号伴随着网络本身的特点,具有通用性和开放性。在网络平台出现的早期,由于科学技术和网络学术的限制,人们不知便以为安全。但随着网络社会中技术的发展与网络的普及性,关于个人隐私问题重新被大家关注。网络的安全性问题在网络平台的扩大中一步步升级在现今的网络技术发展下,个人在网络中的活动虽然有了监控技术、杀毒软件等的保障,但又出现了一部分专门以窃取用户信息作为收入来源的不法商人,在个人进行网络活动时通过一系列软件窃取用户信息,造成用户个人隐私泄露。

网络经济运行中之所以会出现伦理问题,主要在于网络经济主体出现了道德失范。一是网络经济中主体的道德责任缺失。由于网络社会中信息传播与共享的便捷性,网络经济主体便非常轻便地就可以把他认为有用的信息传输到网络空间上,而实际上都是一些无用的甚至是虚假的信息,严重干扰了其他网络使用者对信息的判断与使用,不利于网络的健康发展。导致网络经济主体产生这样的行为除了是因为法治观念淡薄之外,还是由于其缺少最基本的道德责任感。二是网络经济主体中出现了诚信问题。有些网络经济主体为了满足私欲,不正当地使用网络资源,利用人们对网络信息的信任而进行一些不诚信的行为,比如利用网络用户的隐私进行金融诈骗,设置网络陷阱进行欺骗,利用网络的便捷性出售低质量的产品等等。

4.3.3　正视网络经济运行中的伦理问题

一般来说,伦理问题的出现一定是外在因素和内在本质的原因相互交织在一起而发生作用的。网络经济运行中伦理问题产生的原因,一方面是由于外在的法律规制的约束力没有起到足够的强制性的作用,另一方面是由于网络经济主体自身由于创新不足带来产品市场占有问题从而引发了彼此之间的恶性竞争。法律规制的约束无力会招致对一些违法侵权行为监管不到位,处罚不到力;恶性竞争有可能引发网络企业垄断数据,导致网络信息使用的不平等性,这样便提供了网络经济运行中伦理问题滋生的土壤。因此,要解决网络经济中的伦理失范问题,我们可以内外结合,从内加大企业的信息创新能力,从外加大法律规制的约束力。

一方面,加大信息创新程度,从网络经济主体内部寻求防止陷入网络经济伦理失范的内在支撑。

深挖信息价值,对信息进行创新性的开发和使用可以消解恶性竞争。网络经济主体都在一定程度上占有着有利于自身发展的信息,如何利用这些信息使其产生出最大的效用,是彼此之间在激烈的竞争中能否占据优势,能否取得胜利的关键。信息有一个非常重要的特质即是一种可以增值的生产资料,因此,要使信息发挥出最大的效用,就应从信息如何增值入手,即从信息的二次开发入手,深挖出信息价值,实现信息的创新性使用。如何理解信息的二次开发呢?在过去,我们更多地把信息理解为静态的数字、图表、图像等等,而实际上,任何一个数据,任何一张图表、任何一幅图像,其背后一定使潜藏着无限的意义的,这种意义随着时间、地点、人物的变化而不断发生变化,因而是动态的,是在不同的环境下具有不同的意义和价值的,这应该使我们充分意识到,信息化并非只是数字化,信息本身只是表象,信息背后还隐藏着巨大的意义。对这隐藏着的动态信息的价值和意义的挖掘就是一种信息创新,就是一种对信息最大限度有效使用的行为,这无疑可以增加企业的竞争力。

从现实情况来看,网络企业占有自身优势的信息,且有一定的差异性,再加上企业在发展方向上也不是完全相同,因此,信息价值和意义的挖掘会带来信息组合的多种不同结果,所带来的产品必然会有各自的优势,会呈现出具有自身特色的发展态势。这样看来,同质化下的恶性竞争状态就会因为信息价值的深度挖掘所带来的产品差异化而有所消解。

可以这么说,信息价值的深度挖掘本质上是一种对事物内在价值的追求,是网络经济主体对经济发展规律的尊重,还是我们对道德的敬畏,它为打破市场恶性竞争的局面开拓出了一条有效途径,对从内部防范网络经济伦理失范起到了一定的作用,也为网络经济注入新的活力,使之具有更强大的生命力。

另一方面,从外部加强道德、法律规制的约束力,为防范网络经济伦理失范提供外部保障。

从道德约束的力量来强化网络经济主体的道德意识。网络经济的发展影响着民众的交往方式也影响着人们对道德的认知,从表面上来看,虚拟化的网络也似乎给道德蒙上了虚拟化的面纱而使得其作用逐渐淡化。但是,伴随着人类历史产生的道德不可能因网络经济的发生而淡化或消亡,相反,道德的历史性决定了网络经济必须传承传统道德的同时也可以探索与时代相融合的共时性现代道德体系。而且,道德本身就是衡量人类发展、衡量个体幸福的重要表征,如康德对"善的意志"所描述的那样:"归于幸福名下的权利、财富、荣誉、甚至健康和福祉以及对自己状况的满意,如果不是有一个善的意志在此矫正它们对心灵的影响,并借此也矫正整个行动原则,使之普遍合乎目的,他们就使人大胆,且往往因此也使人傲慢。"[1]因此,网络经济主体如果要获得自身"幸福"的话,也必须要受到这种"善的意志"矫正作用的影响。这个"善的意志"便是一种道德的约束力量,一方面,这种力量有利于矫正网络经济主体的行为,使网络经济始终在符合社会倡导的主流道德意识形态中发展。另一方面,具有社会担当的网络企业也必然要承担起相应的道德责任,承担起相应的社会责任。

从法律规制的强制性力量来约束网络企业的行为,强化其道德意识,防范其网络经济伦理失范。防止约束促进网络经济良序发展。道德的约束为网络经济营造了一个适合发展的土壤,但是,仅靠道德的约束还不够,还需要法律这一强制性手段作为支撑。与道德相比较,法律突出的是强制性,是对权利义务的确认。从传统社会到信息时代,人们所处的社会的种种活动,无论是经济的、政治的,只要是关乎社会人的有序活动,都离不开强有力的保障手段。法律扮演的就是这种角色,从国家利益、社会利益为出发点的法律的强制性具有普遍约束力,这普遍约束力也渗透于网络经济。只是网络社会中的大数据时代信息

---

① 李秋零.康德著作全集(第四卷)[M].北京:中国人民大学出版社,2005:460.

的复杂性程度比较高,众多的不确定性不仅给立法带来了复杂性问题,而且在法律的实际应用中也存在适用的难度问题。但这并不意味法律在网络下的普遍适用性的降低,相反,强化网络下的法律适用是促进网络经济健康发展的必要手段。比如明晰信息生产者的知识产权,使之与数据使用者之间有非常严格的界限,这就是要实现把信息作为私人合法财产来进行保护,使之不受侵犯,这样的话,就可以避免信息的控制权仅仅掌握在具有绝对优势的互联网企业手中,可以防范信息垄断局面的产生与恶化。信息一旦被法律予以保护,普通民众作为信息生产者也会相应产生对信息私有财产的意识。此外,逐渐强化的市场主体意识也懂得了对信息的防范与授权,信息使用的规范性得到强化。而这些都有必要得到法律制度的保障法律,法律这一制度构建的好坏直接影响着网络经济的发展。

4.4 预防与防范:网络经济运行的风险控制

基于现代计算机及其网络技术基础之上发展起来的网络经济,在促进经济健康发展的同时,也显性或隐性地存在着一些可预期的和不可预期的风险。这些风险有的在传统经济环境就有表现,在网络经济下则发生了一定的变化,建立有效风险控制机制,是网络经济良性运行和健康发展的基础。

其一是技术保障机制。技术保障机制就是采用先进的技术手段来防止网络风险的产生,如通过加密技术、防火墙技术、网络安全监控技术等途径来防范网络风险。

技术保障机制通过如下五个环节实现网络风险的防范:一是威慑机制。即通过警示等具有震慑性作用的方式告诫人们不要做出有害于网络安全的行为,如果做了的话,就有相应的法律规范对其做出惩戒。二是预防机制。即防患于未然,要从观念和规制上引导网络用户树立网络风险意识,把外界给网络经济带来的风险扼杀于萌芽之中。三是检查机制。系统安全隐患的排查是非常有必要的,对那些已经发生的风险的事件内在原因的分析也是非常有必要的,检查的目的在于防范与优化。四是恢复机制。这是防范事故风险的重要技术机制。网络系统由于种种原因,有时会发生某些意外事故而出现崩溃的情况,而导致数据受损,当这种情况发生的时候,必须能在最短的事件时间里恢复原有数据。五是纠正机制。当风险发生或者说引发风险的要素存在的时候,能及时堵塞漏洞,有效地加强风险防范。

其二是认证机制。认证技术机制包括身份认证和信息认证。身份认证即是对网络用户的身份进行真实与否的鉴别。信息认证即是用以保证通信双方信息的完整性和信用性。

传统经济事实上也需要进行认证，但是网络经济条件下的认证比起传统经济条件下的认证复杂得多。网络经济条件下的认证，除了可以采用先进的计算机技术和密码技术之外，建立一个可靠的、公正的认证体系是建立认证机制的关键。在这个认证体系中，认证机构（CA）具有特殊的地位。CA 是为了从根本上保证电子商务交易活动顺利进行而设立的第三方机构，它由一个或多个用户信任的组织实体组成，而且往往带有官方或半官方的性质。CA 的核心职能是进行数字证书的发放和管理。CA 具有树形的层次结构，不同的 CA 负责发放不同的证书，证书的认证是通过信任层次逐级验证的。由此可见，只有当这个认证体系建立起来后，网络经济才能真正发展起来。

其三是风险管理机制。网络经济风险管理机制即指风险管理战略规划和政策。

在网络经济的风险管理机制中，金融的监管机制是其中极为突出的一个部分，由于网络银行、电子货币、电子支付等新的网络金融形式和工具的出现，金融的风险大大增加了，与此同时，金融监管所面临的问题和挑战也就更为严峻。因而，建立一个适应网络金融发展的新的金融监管体系也成为必然。新的监管体系应包括建立一个专门的网络金融监管机构，其职责是制定网络金融风险的控制战略并监督实施；加强与证监会、保监会的协同监管；加强国际间金融监管部门的交流与合作；加强网络金融监管人才的培养；加快网络金融立法步伐等。

其四是法律机制。法律机制关注的是从法律制度层面来防范网络经济运行的风险。网络经济作为一种新经济，带来了许多新的理念、术语，也已经形成了许多新的规律，这需要颁布一些新的法律以集中反映网络经济新出现的法律问题；或对原有法律进行修订，以扩大其概念之内涵，以使其能涵盖新出现的事物；或对原有条款进行修订和增补，使之能适用于新出现的问题，例如对原有合同法、著作权法等的修改。

其五是保险机制。保险作为对带有风险的行动失败的一种补偿，在存在高风险的网络经济中占据相当重要的地位。从险种的设置到保险销售的模式上，传统的保险业务已不能适应新的网络经济发展的需要，由此对网络经济下的保险业提出了挑战，网络经济下的保险业需要在制度、组织、管理、技术和市场等方面进行创新，比如，为了适应网络经济的现代电子信息特点，必须加强保险企业网络的建设,网上产品信息提供、网上交易和网上理赔,从多角度多层面出发,建立起适应网络经济发展需要的新的保险机制。

　　总之,技术保障、认证机制、管理机制、保险机制和法律机制是预防与防范网络经济运行的风险的五个紧密联系在一起的控制机制。

第5章 网络经济与资本市场

网络经济能够正常有效地运行与发展,是一个多系统共同发挥作用的结果,不仅是建立在网络技术基础上的,不仅需要信息化的支持,同时还离不开一个完整的、完善的金融系统的支撑。

5.1 依赖:网络经济对金融支持系统的需求

网络经济对金融支持系统的需求是由网络经济本身的特点以及网络经济的运行特点所决定的。

5.1.1 金融支持系统是基础

从理论上看,网络产品的边际成本递减、边际效用递增,使网络经济由供给方规模经济和需求方规模经济共同推进,由此网络经济表现出了规模至上、正反馈、赢家通吃、主流化战略等等一系列与传统经济完全不同的经济规律。这些规律说明网络经济需要金融支持系统来推动,来支持。现实中的经济发展也对此做出了证明,即绝大多数企业的成功都有金融系统为其提供支撑,否则无法取得成功。新经济总是与新金融密不可分的,如美国《商业周刊》主编迈克尔·曼德尔所说的那样:"任何一次工业或科技革命最关键的因素就是新的金融机构的形成。"[①]其实在现实中,我们已经亲眼见证现代铁路建设是如何与现代金融相结合的,见证了汽车工业的发展是如何被消费信贷和分期付款的金融创新所促进的同样,我们也在见证风险投资和二板市场对网络经济的金融支持

---

① [美]Michael J. Mandel,李斯、李燕鸿译. 即将到来的互联网大萧条[M].北京:光明日报出版社,2010:23.

意义。

　　如果我们仔细分析网络经济调整的过程，就能进一步说明网络经济确实是离不开金融支持系统。比如，市场表现可能会带来网络企业 IPO 计划落空，那么，如果网络企业 IPO 计划落空的话，就意味着金融支持系统资金链的断裂，也就意味着风险资本不仅不能从二板市场取得回报，反而会深陷其中。这就带来了两个后果，一是风险投资公司无法把获利收回来之后再进行投资。二是其他风险投资公司为了减少自己的损失而减少或放弃对网络企业继续进行资金投入，于是会导致金融支持系统的资金链彻底崩溃，这正好说明了离开金融支持系统，网络经济发展是非常困难的，甚至是没办法发展的。

5.1.2 金融支持系统持续提供资金

　　从我们之前的论述来看，网络产品的市场规模决定了企业的竞争力，实施"主流化"营销策略是网络企业必走的一条道路，这些都告诉我们，网络企业一方面进行了前期的大量资金的投入，另一方面，在产品占领市场主动地位之前基本上都是采取低价销售策略，这些都要耗费企业的资金。从一定程度上来说，这就是一场烧钱运动，资金实力雄厚的企业才能熬到最后，才能够在市场上占据核心地位，才能够成为最后的成功者。而对于绝大多数的资金有限网络企业来说，仅仅依靠企业本身的投入是很难解决初期要占领市场的问题的。这就需要有外部资金力量的进入加以支持。融资便成为一条切实可行的路径——只有融资能力强的企业才可能成功。一般来说，要最终成为赢家，网络企业所采用的模式是：融资—投入—再融资—再投入，一直到自己占有最大市场份额。因此，对于进行市场份额竞争的网络企业来说，融资是非常重要的渠道，在一定程度上来说，企业的融资能力就成为企业之间谁能更快、更有力地占据市场主导地位的重要手段。完善的金融系统是网络企业实现融资能力的载体，这个金融系统具有两个特征：一是具有足够的资金，能给网络企业进行大量资金的投入。二是这种投入应该是连续性的，而不能是一次性的。简单地来说，这个金融系统要具备连续不断地保证对网络企业进行大量的资金投入，直到完全满足网络企业进行市场占有的竞争的资金需要。也只有这样的金融系统才能为创业者实现创业的梦想提供资金上的支持。

5.1.3 金融支持系统帮助承担风险

　　技术风险和市场风险是网络企业在发展过程中可能遭遇的两类风险，金融支持系统在一定程度上可以帮助网络企业承担这些风险。

我们先来看技术风险,这里所讲的技术风险主要是指网络企业在研发产品的过程中,由于技术上出现的意外情况而导致产品研发失败的可能性。一般有这么几种可能性:其一,技术的前景和效果的不确定性带来的风险。网络技术是随着现代电子信息技术而不断发展的,因此信息技术的变化定然会给网络技术带来影响,在既有的技术知识下,网络技术的有效性程度如何,网络技术的发展前景如何,都具有一定的不确定性,而对技术的掌控是网络经济的基础,那么,技术上的不确定性确实会使网络企业面临一定的风险,比如,一项新技术成功地完成了研发任务,并投放到市场,就有可能因为技术上的隐患给产品带来难以发现的弊端,这弊端就有在为消费者购买之后暴露出来的风险,甚至还可能在产品研发过程中暴露出来的风险。二是技术能否产品化的不确定性带来的风险。技术产品研发是产品进入市场的第一步,但研发成功后能够使之真正产品化则是未知的,因为网络技术产品化受一定因素制约,比如在研发过程中受到设计原理突破的制约而使得研发未能成功,更谈不上产品化了。有的甚至有可能在研发成功之后遭遇一些微小障碍导致其无法实现产品化,这就是不能实现技术产品化而导致风险的产生。三是技术寿命的不确定性带来的风险。网络条件下产品有两个非常重要的特征,一是寿命周期短,一是更新换代快,这就对技术的寿命提出了挑战,即能否在产品寿命周期内快速地使之产业化,既决定了该产品能否迅速占领市场,更决定了企业能否收回初始投入并取得利润。这就是技术寿命的不确定性带来的风险。因此,对于网络企业来说,如何保证高技术产品的创新,如何在高技术周期内迅速实现技术的产业化,是其能否取得成功的关键,否则的话必将蒙受巨大损失。

我们再来看市场风险。市场风险指企业在市场中有竞争失败的可能性。网络经济下的竞争企业数量非常多,且常出现"赢家通吃"的局面。而且,无论是哪一个企业,其在进行产品战略选择的时候,都无法预料其市场竞争的成败,故而,网络企业面临的风险还是挺大的。如果一个网络企业由创业者自己投资却没有预料到市场风险最终竞争失败的话,那么就意味着网络企业的创业者血本无归。

为了应对由于技术风险和市场风险给企业带来的失败结局,人们就开始寻求外界的支持以提高企业的抗风险能力,比如引入金融支持系统,让金融支持系统与企业共同参与投资。

5.1.4 金融支持系统提供全方位支持

企业和投资者面临的市场风险、技术发明者缺乏市场经营和管理的知识和经验、缺乏资本经营的能力等等因素显示,金融支持系统不仅要给网络企业提供资金上的支持,还要提供管理和销售等方面的支持。

我们对此做一个简要分析。一个企业要想成功,产品技术如何使关键,但其他因素比如市场销售、企业管理、发展战略的制定问题也是重要的影响因素。这就向网络企业提出了一个非常现实的问题,即企业或者技术人员在创业时,如何得到管理、销售等多方面的帮助和指导。所以企业和技术发明者就希望能够得到有经营管理能力和经验的人才的指导,特别是希望金融支持系统对其进行的资金管理、产品销售等的帮助和指导。另一方面,金融投资者为了对自己投入的资金负责,尽可能地降低资金投入风险,尤其是避免经营不善而导致的产品研发与销售的失败。

总之,网络经济从本质上离不开金融支持系统的支持,金融支持系统除了要能够提供足够的资金支持之外,还要帮助网络企业建立现代科学的企业制度,加强内部控制,提高企业的运转效率,提高资金利用效益,降低企业和金融支持机构的风险。

5.1.5 金融业对金融支持系统的制度供给

金融业正式制度和非正式制度的建设情况决定了金融支持系统的产生与发展。这些制度的发展和完善是金融支持系统产生的基础。

正式制度的产生是金融业发展的结果,证券市场是金融业对金融支持系统正式制度供给的重要部分。证券市场的产生和发展在现代经济的发展中扮演着不可或缺的角色,几乎任何现代金融制度都与证券市场有关,因为证券市场的产生,彻底改变了传统的企业融资方式和场所。证券市场以证券形式是为需求者和供给者融通资金提供了的良好的机制和场所,它解决了资金供求的矛盾,实现了筹资和融资的功能,企业融资逐步实现了证券化。同时,随着金融业的发展,有关证券金融的法律法规建设也在不断地规范和完善,反过来又引导着金融业往前发展。

非正式制度对金融支持系统的产生也有重要影响,也是金融业制度供给中不可或缺的部分。非正式制度的产生源于投资主体、中介机构的成熟,投资基金的发展以及传统企业投资朝专业化发展等因素。

总之,金融投资业的发展已经为企业提供了多种融资方式和融资场所,已经制定了相应的法律法规,拥有了成熟的主板市场,培育了比较成熟的个人投资者、机构投资者、券商和中介机构,已经有了规范的企业上市和交易制度,专业投资体系也正在发展中,这些都为网络经济金融支持系统的产生创造了必要的制度供给。

5.2 深化与推进:网络经济与资本市场

5.2.1 资本市场:推进网络经济革命

资本市场提供的创业投资和风险投资是网络经济企业成长初期的主要资金来源。网络经济企业是高成长性与高风险性并存的企业类型,资本市场提供的创业投资和风险投资是其获得初期发展资金最为理想的融资途径,资本市场在网络经济企业的初创阶段充当着孵化器的角色。

网络经济获取发展资金的另一重要渠道是已经成功上市的公司,以项目投资形式进行的投资,为网络经济企业提供发展资金。那些涉足网络基础建设与运营、设备及软件、电子商务等网络业务的上市公司,通过配股、增发等途径在资本市场筹集资金,并将筹集到的资金投入从事网络经济的企业,这就成为网络经济企业获得发展资金的重要渠道。

而网络经济企业能够获得风险投资的先决条件是,资本市场 IPO 和并购为风险投资提供了退出机制。创业投资基金、风险投资基金之所以会投资于网络经济,其原生动力在于快速成长的网络经济带来的高额利润,但是,这些高额利润要真正得到实现必须依赖于风险投资有完善的退出机制,如果没有资本市场成熟的退出机制,那么风险资本、创业资本就不可能大批进入种子期和成长期的网络经济企业。所以,借助资本市场进行的运作,通过 IPO 方式或者依靠收购兼并方式实现风险投资、创业投资从网络经济企业的退出,是网络经济企业能够获得风险投资的先决条件。

5.2.2 网络经济:深化资本市场发展

资本市场推进了网络经济革命,同时,网络经济又起到了深化资本市场发展的作用。

第一,网络经济加速了资本市场的全球化。资本市场的全球化是当代世界金融市场发展的大趋势,网络经济的发展增强了这一趋势。与传统交易所的场地交易不同,在网络经济条件下,各国交易所的交易是通过电脑联网来进行的非场地交易,这就实现了投资者无论身在何处,只要在交易时间内,都可以上网同步买卖证券,彻底打破了区域性限制。网络经济的发展使世界各国独立的资本市场通过现代通信手段联系在一起,形成统一的国际资本市场,世界资源在国际资本市场上统一配置。

第二,网络经济推动了资本市场的金融创新。网络经济与金融产业相结合促进了金融创新,包括金融制度、金融产品和金融技术的创新。网络以新的方式提供信息,使基于数值计算和仿真技术建立的金融产品估价模型方法在资本市场电脑网络广泛运用,这促进了金融产品创新速度的提高。采用电脑联网的方法对金融衍生工具进行估价,同样促进了资本市场上金融产品在数量、种类和复杂程度等方面的全面发展。

第三,网络经济促进了资本市场金融自由化。基于信息不对称理论的市场失灵说的理论基础,80 年代以前主张加强监管、抑制金融自由化的学说占主导地位。90 年代以来,网络发展突破了国界,突破了政策部门管制,使得国际市场配置资本在技术上更加成熟,国际资本市场"市场失灵"因素大大减少,为建立不受单个国家行政干预,但又有各国认可的新市场规则提供了可能。因此,放松金融管制成为世界各国的金融政策发展主要趋势。在适度监管下,电脑网络为国际资本市场的金融自由化提供了强有力的技术支持和信息反馈;网络推动的金融自由化也使得流入国际资本市场的资金大大增加,市场更趋活跃。

5.2.3 寻求网络经济与资本市场对接

我们从两个方面来探讨网络经济与资本市场对接的途径。

一方面,通过多渠道多种形式利用国内资本市场。当前,我国国内资本市场已经初具规模,网络经济企业可以通过多种方式,积极利用资本市场目前能够提供的支持谋求发展,满足网络经济发展的需要。其一,积极利用创业板。我国推出的创业板的直接目的是为创业企业提供进入资本市场创造特殊的融资通道,以促进高科技企业的成长。目前,国家明确提出,要放宽高科技企业的上市条件,制定高新技术企业发行上市和配股的有关办法,为高新技术企业发行上市创造更加优惠的政策条件。作为创新科技含量极高的网络经济企业,就应该根据自身的优势积极创造条件,尽最大的努力进入创业板,进入资本市场。其二,寻求资产重组上市。网络企业资产重组上市有两个方式,一是通过买(借)壳上市,二是被兼并重组上市。通过控制上市公司股权来实现买(借)壳上市适合已经具备较强实力的网络企业,这种上市方式实既能降低成本,节约发展基金,又能迅速实现上市筹资的目的。依靠被购并的方式进入资本市场适合规模较小、实力不够强的企业。其三,积极吸引风险投资。要积极完善风险投资体系,建立健全风险投资退出机制,尽可能科学地促进国内风险投资业发展,同时,要关注国外风险投资的进入,创造适宜国外风险投资进入的条件,吸引国际风险资本,为网络经济企业提供更多的融资环境。其四,发行可转换证券。网络企业可以在政策允许范围内,发行可转换证券的方式筹集发展资金。

另一方面,加大进入国际资本市场的力度。利用境外资本市场,获取国际金融资本的支持,是网络企业进一步发展的优化路径。我国网络企业发展能否得到国际资本市场的支持,主要受三个因素的影响:一是我国网络经济的开放程度,以及我国网络经济的运行规则能否按照国际惯例制定,与国际惯例接轨。二是我国对国际资本市场的开放程度,对金融全球化、自由化、信息化的接受程度。三是与国际资本市场相应的经济运行体制、资本监管方式、产业政策等外部环境能否与国际标准接轨。如果我国在如上三个方面能够进行落实,能够科学规范地与国际规则真正接轨,相关的政府管理层又能够积极创造条件帮助网络企业走出国门,获取国际资本市场的支持,那么,我国网络经济的发展将会得到极有力的促进。

5.3 深度结合:网络经济与风险投资

5.3.1 风险投资

风险投资是一种以私募方式募集资金,并设立风险投资公司,将所募集资金用于投资未上市的新兴高科技企业的承担高风险、并追求高回报的投资方式。风险投资的过程一般需要3年至5年,在这个过程中往往没有任何的收益,如果投资失败,所募集的资金将无法收回,而一旦获得成功,可以在所投资企业成功退出之后获得丰厚的利润。

风险投资一般说来具有两个明显的特点,一个是风险投资往往具有高风险性,另一个就是高收益。风险投资的高风险主要体现在三个方面。首先,风险投资的主要对象是处于初创阶段的中小型高科技企业,因为还是处于成长阶段上,又是高科技企业,所以,其成长过程中定然会伴有一定的未知风险。例如技术研发的风险、从技术再到产品的风险、产品投向市场的风险等等,这些风险中如果有一个没有及时发现并得到有效的控制,都有可能为企业的失败埋下隐患。其次,风险投资的过程很长,一般都需要多年,漫长的投资周期会降低资金的流动性,资金因此也就陷入了风险。最后,在高科技企业不断成长的过程中,风险投资公司对高科技企业的资金注入过程是持续的,从成立开始,一直伴随着整个过程,这个资金数额也会随着企业的成长而不断变化,有可能会超出投资初期的预期达到风险投资机构无法承受的地步。

风险投资也有可能取得很高的收益,这是因为:首先,募集风险投资基金的风险投资家往往可以预测所要投资的企业的潜在市场规模以及企业的未来发展方向,所以在选择投资项目的时候都会有一套完整的选择程序来最大限度保证选到最具发展潜力的项目。其次,高科技初创企业往往很难获得高额的资金投入,一旦企业被风险投资基金所看中,企业所获得的资金对企业本身来说无疑是"雪中送炭",所以风险投资家可以在这个时候用少量的资金获得企业大量股份,从而在企业上市或者股权回购的时候获得非常高的收益。

风险投资的运作一般包括三个阶段。第一个阶段是项目选择阶段,即是指风险投资家在投资项目之前必须对将要投资的项目进行必要的分析,包括对项目的人才、市场、技术以及管理等多个方面的分析。因为风险投资项目如果没有广阔的发展前景和巨大的潜在增值能力,它将达不到风险投资家对项目应该取得巨额回报的预期目标,这会促使风险投资家重新评估对项目进行投资的必要性。而一旦风险投资家对项目的评估结果感到满意,那么他就会对项目进行大量的资金投入,同时通过参与项目的经营和管理帮助项目最终达到盈利的目的。第二个阶段是投资项目的经营和管理阶段。与传统的金融投资不同,风险投资家在进入风险投资之后,会与所投企业共同参与企业的日常经营,会真正介入企业的管理活动中。一般来讲,绝大多数的风险投资家在所投资领域中都有一定经验积累,有的甚至还是该领域的专家。同时,绝大多数的风险投资家在企业有丰富的实战经验,有企业经营管理的经历和经验,在企业的营销、管理上能够提供有效的决策支持和合理的发展建议。另外,风险投资机构一般也与传统的金融投资机构有着密切的联系,这方面的关系可以为风险投资企业的提供财务保障并增加企业获得追加融资的机会。风险投资家参与到所投资企业的管理中去,可以促使企业的管理制度更规范、组织结构更合理、经营决策更科学、项目管理更高效,使得企业能够健康快速发展,保障投资的安全。第三个阶段是项目的退出阶段。风险投资家冒着高风险对风险投资项目进行投资,并且亲自参与项目的经营管理,目的就是在项目获得成功之后从中赚取高额的回报。风险投资公司资金的退出主要有三种方式:公开上市、股份回购、清算破产。其中前两种方式都是企业获得成功之后所采取的退出方式,后一种是在投资失败后为了挽回小部分损失所不得不采取的办法。

5.3.2 网络经济下风险投资项目的风险控制

由于网络经济下企业对技术和市场前景要求都比较高,风险也很大,因此在投资互联网行业项目之前,风险投资机构都会采取比较合理的规范的方式和途径对将要投资的项目进行评估,对评估数据进行整理分析后形成评估结果,并根据评估结果来决定是否投资该项目,因此在项目的运作过程中,投资机构需要监控项目的进展,关注内外部环境的动态,一旦意识到有新的情况出现,必须马上重新对项目的风险进行识别、评估和控制,由此可以看出,对于风险的控制将会始终贯穿整个互联网行业风险投资项目,针对网络经济下风险投资项目的风险特点,对不同的风险因素要有相应的风险控制措施,来达到有效控制风险投资项目的风险。

第一,风险投资的环境风险控制。一是坐落高新技术园区降低政策风险。为了降低风险投资项目的政策风险,风险投资机构可以把互联网企业的办公地点定在高科技园区,把企业坐落在高新技术园区作为其发展的优势。如果企业将来发展成功的话,又能为该高科技产业园创造有价值的技术品牌。因此,一般风险投资机构落户高新技术园区之后都能够获得政府提供的多元化、多层面、多角度的政策支持,比如减免科技园的办公租金、对在科技园区已经有自主知识产权的项目提供资金支持、出台人才引进上的优惠条件等。这些支持为降低风险投资项目的政策风险提供了重要的保障。二是构建完善的盈利模式降低网络经济风险。风险投资机构可以通过系统的培训提升项目的管理、技术、融资、法务和营销推广等方面的水平,从而降低投资项目成本,最大限度地保证项目能够获得盈利。这不仅能够帮助初创企业解决资金方面的困难,同时依靠风险投资机构敏锐的行业嗅觉,引导企业通过战略优化明确发展方向,尽可能降低创业早期风险,帮助企业快速良性发展。三是密切联系相关行业经济调整自身发展。除了新生和成长中的高科技企业,为其在初创的脆弱时期,得到资金上的支持以促进其生存和发展之外,风险投资机构在制定企业发展战略的时候必须密切与相关传统行业的发展相联系,做好市场调查。根据调查的结果制定对应的发展方向以便企业能获得更好的发展机会从而创造更多的利润。四是制定防范应急措施应对网络信息安全风险。风险投资机构在监控互联网企业日常运作的同时也要制定相应的网络信息安全防范手段从而避免企业的技术外流对正在开发的技术项目造成无法挽回的损失。主要的防范手段有:一是风险投资机构与企业之间,企业与技术人员之间签订保密协定,明确好各自的责任,从而提升项目参与者的保密意识。二是风险投资机构可以对所投资项目的办公网络设置防火墙,根据不同的岗位设置不同的网络权限,不仅能够保障网络信息的安全,也便于风险投资机构有效监督企业的日常运作和新技术的开发进度。

第二,风险投资的技术风险控制。一是技术研发多元化降低技术前景的不确定性。风险投资机构一般都采取投资同一个技术方向的多个不同项目的措施,根据成功概率的大小把不同项目分成重要、一般、次要三类。根据项目的技术前景选择对重要的项目扩大投资,加强经营管理,加快项目的发展速度,从而尽早使技术可以推向市场,力争将投资收益最大化;对于发展一般的项目则尽量保持项目的稳定发展,并给予适当鼓励希望能够更快成长,还要尽量协助项目从其他渠道筹集资金帮助发展;对于次要的项目则采取密切观察的手段,如果在短期内仍然没有起色那么就应该果断淘汰,宣布项目破产,从而降低技术前景的不确定性有可能对项目投资造成的损失。二是缩短互联网技术的开发流程延长技术的寿命。在互联网技术竞争日益激烈的背景下,相同的一项新技术有可能会同时有几个不同的项目正在研究开发,风险投资机构可以将技术开发的流程运用科学的管理手段实现规范化、模块化。如此便能够加快互联网新技术的开发时间,抢占在对手之前,率先发布新技术成果,更早占领市场,并可以首先得到用户的反馈,对技术进行不断改进用以应对不断推出的更先进的新技术的挑战,防止被竞争对手所取代。这一切都要求风险投资机构要时刻注意外部先进技术的发展动态,时刻注意保持自身技术的先进性,不断优化互联网技术开发流程,从而延长新技术的寿命。三是提升用户对新技术的满意度,控制技术的效果风险。当企业在把一项新的技术投放到市场之前,必须充分考虑用户对该项新技术的接受程度。因此风险投资机构在投资项目的时候必须明确该项技术的目的,以提升用户的使用体验作为优先考虑的目标,避免只是为自身而开发技术,要围绕用户的需要与用户进行充分的沟通,在项目设计、生产与运营上都要与用户在思想上和理念上达成共识。这样新技术的推广才能获得用户的普遍满意,从而缩短项目成功的时间,风险投资机构的资金使用效率也因此得到很大的提升,这对于风险投资机构来说无疑是一个两全其美的结果。

第三,风险投资的管理风险控制。一是规范人才的选择工作降低人员风险。风险投资机构对风险投资项目进行选择的时候,不仅在考察项目的技术水平和市场前景,同时主要是对开发运营整个项目的人才进行考察。选择拥有高素质管理团队的创业项目,就能大大地消解项目上存在的管理风险。而且在其中,大多数创业者本身就是拥有高级专业技术知识的工程师,不仅要考察他们是否具有很高的专业技术素质,更重要的是要知道他们是否具有创业的精神。除了管理团队之外,整个技术团队也是风险投资机构需要重点考察的对象。可见,风险投资机构通过建立起定时对整个创业团队进行跟踪考察的机制,构造一个合理的组织结构,并对如何培养与企业发展高度匹配的高素质人才予以充分的重视和投入,是风险投资机构降低风险投资项目人员风险的关键。二是提升管理团队素质增强团队执行力。风险投资机构努力提升互联网企业的管理团队素质,针对企业管理者缺乏管理经验的弱点,风险投资机构可以对项目的管理团队进行管理培训,并发挥不同项目间的人才优势从风险投资机构内部抽调高级管理人员,帮助项目组建高素质的管理团队,提高项目管理水平。除此之外,要进一步明晰项目的终极目标以及实现目标的战略,要进一步强化适合项目的组织文化,培养团队成员的合作精神,多组织些内部活动,增强成员之间的了解和信任,打造一个高效的项目团队从而提升团队的执行力。三是推进内部治理结构的规范化降低组织结构风险。一方面,风险投资机构有意识地完善网络企业的内部治理结构,加大管理团队规范化管理意识的培养。另一方面,设立完善的制度,以制度来规范企业内部不同部门的责任是什么,能够享有什么样的权利以及应该尽到什么样的义务,使部门之间既能够做到相互协调运作、也能够彼此之间有效制衡。在这个过程中,能够以先进的管理手段和管理方式对机构进行规范管理,使得企业内部的组织结构向规范化、高效化发展,从而降低投资项目的组织结构风险。四是采取平衡组合投资原则降低财务风险。平衡组合投资的风险分散原则即风险投资机构将风险资本同时投向不同项目或者同一个项目的不同发展阶段,或者联合别的风险投资机构一起向一个项目投资。如此一来不仅可以借助别的风险投资机构的投资经验,也可以借助别的风险投资资金来达到降低财务风险的目的,同时可以使得投资机构的资金得到合理的分配,使项目能够在市场上实现迅速发展,并充分占具市场后达到合理规模,通过规模经济最后获得理想收益。平衡组合投资的风险分散原则在面向行业的风险投资项目中尤为适用,不仅能够有效降低项目风险,不同企业间的相互合作还能将技术的优势最大化。

第四,投资项目的市场风险控制。一是加大风险投资项目的信息收集工作降低市场进入风险。风险投资机构在选择项目的时候,如果对项目的客观市场信息了解得不够深入,容易选中有先天缺陷的项目,这种缺陷一旦暴露出来,将直接导致风险投资的失败。风险投资机构通过其自身管理团队的项目管理经验在管理投资的项目时,运用自身的经验充分掌握项目的具体运行情况,从而尽早地发现项目中存在的各类风险,并及时判断选择是否要进入该类市场,这将有非常大的希望保证投资项目的成功。情报信息工作的好坏是风险投资项目能否成功进入市场的关键。风险投资机构应该尽早地发现市场的进入风险,及时做出判断,降低损失。风险投资机构一般通过问卷调查、查阅相关资料、根据自身经验判断以及咨询熟悉该市场的专家等方法来掌握项目的具体市场信息。二是为风险投资项目提供多种营销培训服务降低营销风险。风险投资机构不只参与所投资项目重大问题的决策,为了降低投资项目的营销策略风险,风险投资机构还应该为所投资的项目提供多种营销培训服务。通过这些培训服务完成一定的任务:为项目提供营销策略咨询,帮助引进优秀的营销的人才,在项目的最开始阶段,帮助项目组建高素质的营销团队。提供营销咨询服务,对为产品的推广以及品牌的塑造提供帮助。在项目发展成熟的后期,风险投资机构还可以通过自身拥有的社会关系网络帮助企业产品寻求更为广阔的市场。而当项目推广资金不足时,风险投资也需要决定是否再度投资或者帮助寻找一个新的投资伙伴,帮助产品进一步推广。对于市场反应平淡的项目,应建议其适当修改研发方向,尽量拓宽产品线,争取能够开辟出新的盈利点。至于还处在产品研发阶段的项目,则应该通过多种途径去对调查了解产品潜在的市场情况,根据调查结果建议其在开发过程中,适当调整相应的方向,提高产品的市场适应力,并根据市场变化情况适当调整营销模式。三是对风险投资项目实行市场监控降低市场环境风险。风险投资机构在投资项目的过程中对项目的市场环境进行有效监控有助于获得与项目相关的市场正确信息,而且当项目出现市场环境时风险投资机构能够通过更改产品路线、加强财务监管,或采取其他有效措施,达到控制市场环境风险的目的。风险投资机构一般按照以下步骤对项目进行管理监控:对象检测。对象检测是指风险投资机构通过运用自身的市场操作经验通过各种手段对市场动态进行全程的监测,其目的是能够掌握项目的外部市场运作情况以及调整项目自身的未来发展方向。逆境识别。逆境识别是指风险投资机构根据对象检测过程中市场运作出现的异常,判断是否隐藏着发生不利于项目发展逆境现象。通常风险投资机构较为关注盈利状况、用户数量等几个与市场状况有直接联系的指标。因为这些指标直接关系到风险资本的安全,由此我们可以在逆境识别的过程中对相关指标赋以相应的权重从而可以对逆境现象有比较直观的量化判断。逆境诊断——是对已经被识别的各种逆境现象做出分析判断的过程。一旦市场运作过程中的问题被发现,风险投资机构就要对这些问题发生的原因以及有可能造成的后果加以分析,逆境诊断的过程不仅有助于寻找到解决问题的方法,更有助于提早发现项目潜在的隐患,从而避免再次出现相关问题导致出现新的风险。一般对策是指风险投资机构根据逆境识别和逆境诊断的结果,针对项目所面临的逆境现象,制定相应对策的过程。比如,当项目面临的主要障碍是推广资金问题的时候,风险投资机构会根据项目的发展情况判断有没有继续对项目增加推广投资的必要和可能。如果认为该项目不值得继续增加推广投资,那么风险投资机构就会选择不增资或者帮助项目寻找其他的融资渠道。而如果风险投资机构认为该项目有巨大的发展潜力,那么便会继续为项目提供推广资金上的帮助,这些资金可以以贷款的形式或者是换购一定股权的形式向项目提供。四是细分用户市场提高市场占有率。面对有限的互联网市场,如何提高企业的市场占有率关系到风险投资机构的投资是否能够获得成功从而获取回报。良好的市场占有率也能够帮助互联网企业加快的步伐,帮助风险投资机构获利退出。企业可以根据用户的不同需求,将用户需求细分为不同的层次,包括:不同行业的用户需求、不同用户的个性化需求、不同专业化程度的用户需求、不同地理环境的用户需求等,互联网企业要这些根据不同用户需求开发出与之相适应的新产品,这些新产品要能迅速地占领市场,提高企业的市场占有率,这样才能促进企业以最优化最快速的方式得到成长,从而缩短风险投资机构旳投资获利期限,降低投资风险。

第五,风险投资项目的退出风险控制。一是构建畅通的退出渠道。构建畅通的退出渠道是指风险投资机构在投资项目的时候要时刻考虑着为资本退出构建适应的条件。比如互联网公司要想成功公开上市需要持续盈利,因此风险投资机构为了能够让企业能够在合适的时机顺利的上市实现退出,必须保障企业的盈利状况,避免在退出的最好时机到来的时候,企业因为自身条件的不足而错失退出的时机。二是选择合适的退出时机。风险投资机构在对企业退出时机的选择上会进行深思熟虑的把握,一般来说,企业是否已经发展成熟是退出时机是否到来的一个重要条件,当企业具备稳健的盈利增长、合理的组织结构、优秀的研发团队以及公开透明的运营状况的时候,就是企业最有利的退出时机,此时风险投资机构可以通过寻求各种退出方式实现资本的最大获利退出。

5.3.3 完善网络经济下风险投资

第一,加快网络企业高科技产业的发展。从事高科技产品研究和开发生产的网络风险企业的存在是风险投资生存的基础、发展的机会和获得高收益的基本的条件。所以,通过各种政策的调控,一方面鼓励高科技产品研究和开发生产的组织或个人进入网络企业发展;另一方面,完善现有网络企业的高科技产品研究和开发生产,使之经营思想清晰,商业模式明确,具有较强的市场竞争力。

第二,规范风险投资基金公司的设定与管理。风险投资基金公司在风险投资过程中扮演非常重要的角色,而且,其产生与发展是个按部就班的过程,因此,设定风险投资基金公司就不能采取跨越式的方式,而是也要循序渐进。另外,加强对风险投资基金公司的管理还需要建立与之相辅相成的有效的预警机制、激励机制和监督机制。

第三,吸引高素质的风险投资专业人才。要克服对人才划分过细,人才流动不顺畅等问题,以市场导向为原则,充分重视知识资本的作用,把高素质的风险投资专业人才吸引到风险投资领域中来,培养一批本土化的风险投资家。

第四,进一步完善风险投资的法律体系。新技术、新专利只有得不到法律的保护才能更有效地发挥作用,也才能更有效地促进科技创新,否则的话,风险投资也就是去了意义,不能体现其应有的价值。因此,进一步完善有关产业投资和风险投资方面的正式法规,有利于发展风险投资法律环境的优化。

5.4 金融业制度的均衡点:风险投资与二板市场

现实中,在金融业发展的基础上产生的风险投资机制和二板市场是网络经济对金融支持系统的制度需求和金融业制度供给的均衡点,正是网络经济所需要的金融支持系统。二板市场是与主板市场相对应存在的概念,它是金融市场中新出现的一种融资方式,是为了促进中小型创新企业发展而专门设立的。在一国证券主板市场外的证券交易市场,实质上它是为处于创业阶段的企业提供募集资金和上市交易的机会,其服务对象主要是高成长性的中小企业和高科技企业。二板市场又称创业板市场。

风险投资的第一步使进行风险资本筹资。没有资本作为基础就谈不上风险投资了,所以风险投资要从筹资开始。一般来说,风险资本的来源渠道主要有:个人资本、机构投资者资金如养老基金、保险基金、大公司资本、政府财政资金、银行等金融机构资金等等。因国情不同,风险资本在结构上会有所差别。

风险投资的第二步是风险资本的投资,这是风险投资的核心内容。风险资

本的投资包括三个主要环节:

寻找和评估投资项目是风险资本的投资第一个环节。寻找和评估投资项目是建立风险投资基金之后首先要做的事情。寻找投资项目可以从两个不同的方向进行,一个向度是风险投资机构依据自己的情况和经验去寻找投资项目。比如,在经过仔细调研的基础上,主动和风险企业联系,与之洽谈投资项目。另一向度是风险投资机构发布一些投资项目指南,等待风险企业主动联系自己,向自己提交项目投资申请,这时候风险投资机构要做的事情就是对该项目进行评审,然后再做出选择,即选定有意向性的投资项目。有了意向性的投资项目之后就要进入项目的评估环节,这个过程相对比较复杂,要从各个角度各个层面对投资项目做出综合性的评价,以此来判断是否可以成为投资项目,所以这也是一个非常重要的过程。评价的角度、内容、程序等都比较复杂,涉及项目的技术水平、市场潜力、资金供给、经营管理人员的素质以及相关的政策、法律等因素,需要组织一支有经验的多方面专家组成的队伍来完成。

影响风险投资项目选择的要素很多,其一是技术,该项目的技术是否具有独特性或个性化,技术的成熟性如何等,这是最基础性的条件。其二是经营管理人员的品质及整个管理队伍的综合素质。管理队伍的状况是项目实施的灵魂,所以这是选择与核定项目过程中最需要投入精力的地方。对组成经营管理队伍的人选要侧重于从如下几个角度去进行评判:一是经营管理者是否具有所从事行业的技术,且水平如何。一是经营管理者是否具有经营处于成长阶段公司的经验。一是经营管理者在过往的管理工作中有哪些可借鉴的成功经验或失败经历。其三是市场的定位。主要关注该项目市场的大小,这是对市场广度上的占有情况,市场大小会决定市场规模;市场的渗透率,这是对市场深度占有的情况;市场的竞争度,这是项目竞争力的综合描述。其四是风险投资项目所在企业的综合报告,包括企业的业务计划、行政管理纲要、公司现状和营业目的的报告、产品或服务的详细说明、市场战略、管理背景情况及财务分析等等。

项目评估不仅要对项目内容进行评估,还要对其进行投资风险评估。即对风险项目的整个运作过程中可能存在风险进行充分的估计和考虑,同时还要对存在的问题提出必要的相应对策。

构造投资是风险资本的投资第二个环节。项目选择完成了之后就进入构造投资环节。这是一个风险投资家与风险投资企业就投资项目进行的协商过程。协商过程持续时间较长,主要围绕投资方式、投资条件等有关的权利和义务进行协商,最后形成具有法律效力的合作文件。

第三个步骤是监督、管理与再续投资。从选定项目到再造投资,最后要进入监督、管理与再续投资环节。风险投资者要参与风险企业的经营管理。前面已经讲到,"参与性"是风险投资的一个重要特点,这种参与性表现在两个方面,一是风险投资者对风险企业的经营战略、形象设计、组织结构调整等高层次重大问题的具有决策参与权;一是风险投资者对风险企业的日常运营有进行监督管理的权利和义务。这种"参与性"行为会对企业的经营绩效产生一定的积极作用。

风险资本者一般不会向风险企业一次性投入全部所需资金,而是根据项目的具体情况分阶段投入资金,即上一阶段目标的完成,是下一阶段融资的前提。当然,每一阶段上的资金投入是充足的,能保证足够支撑该企业完成该阶段的目标。这样做的目的在于投资者降低投资风险,对企业构成一定的压力与动力。

风险投资退出,企业上二板市场

退出是风险投资基金的最后一个环节,退出不仅为风险资本提供了持续的流动性,而且也为风险资本提供了持续的发展性。风险资本退出风险企业主要有三种方式:首次公开上市、被兼并收购、清算破产。其中,首次公开上市是风险资本最佳的退出方式,是风险投资家、风险创业者和风险投资者都最愿意看到的结果。采用 IPO 方式具有以下优势:一是 IPO 使企业成功进入二板市场,金融支持系统中风险投资获利退出,二板市场的投资者接过了接力棒,为网络经济继续提供资金。一是采用 IPO 方式能提高上市公司的市场价值,为企业发展筹集更多资金,并增强了原有股份的流动性。最后,在风险投资失败的情况下,破产清算便成了风险资本退出的唯一途径。

在现实中,风险投资公司的运作和与网络企业的结合过程为:风险投资公司在社会上筹集资金,再注入网络企业,经过一定时间的运作,达到二板市场的上市要求后,在二板市场上市,风险投资公司获利退出,二板市场的投资者继续为网络企业提供资金。风险投资公司获利后继续寻找网络企业,整个系统进入了良性循环。可以看出,金融支持系统中风险投资和二板市场各自发挥不同的作用,两者相互促进,缺一不可。如果没有完善的二板市场,风险投资公司就失去了最重要、最合适的退出途径,风险资本不能顺利地增值退出,风险投资公司就失去了资本源泉,对网络经济的支持就无从谈起。

因此,风险投资和二板市场只有作为一个整体,才符合网络经济的需要,才是网络经济所需要的金融支持系统。

第6章 网络经济与企业组织变革

企业是一个庞杂的社会组织系统,企业的良性运行有赖于其组织结构随着外部环境的变化而进行不断的调整与变革。工业经济中企业组织形式是层级制的,是与工业经济的大批量、以产定销的经济特征相适应的。网络经济产生于工业经济之中,但又与工业经济有了本质的差别,因此,如何脱胎于传统又超越于传统,是网络经济企业组织变革面对的严峻问题。

6.1 外因和内因:网络经济呼唤企业组织变革

6.1.1 企业的经营机制呼唤企业组织变革

企业的经营机制涉及许多方面,网络经济条件下企业的经营机制尤其自身的特质区别于传统经济。

第一,定制生产。传统经济追求的是规模经济效益,强调的是批量生产产品,批量生产的产品没有差异性,也缺乏变动性,提供消费者选择的空间不大。网络经济条件下则发生了很大的变化,由于信息的传递打破了传统的时空界限,生产、消费等各微观经济主体之间的沟通更迅捷、充分,需求也从过去被动式的需求转而变成个性化的主动式的需求,供需双方的联系将非常密切。因此,在追求个性化的网络经济时代,定制生产将取代批量生产,成为网络经济条件下最重要的生产和营销方式。定制生产可以分为两种:生产者定制和消费者定制。所谓生产者定制,就是生产者通过在线市场调查等先进的技术手段主动地收集用户信息,从而达到主动地为客户定制产品的目的。所谓消费者定制,就是消费者通过剔除产品中不想要的部分,或者改变产品已适合消费者口味的方式来定制。随着具有学习能力的商务智能的发展,对消费者消费偏好的了解将成为带有某种智能的自动行为,这必将极大地促进定制生产的发展。

第二,主流化营销战略。即通过各种营销方式使自己的产品占据市场主流地位。这已经是网络时代绝大多数企业采取的一种重要的战略。其基本路径是:企业首先采用低价销售产品的方式实现市场份额占有的最大化,其产品便成功地成为市场主流产品。然后锁定用户群。最后利用产品升级等途径获取产品利润。主流化战略实施最成功的案例是软件产品的营销,因为软件产品的边际成本几乎为零,加上使用软件的转移成本较高,从而更易锁定用户。

第三,信息服务中介。前文中我们已经对网络经济因为信息传递优势使得生产者与消费者之间能够进行面对面的交易,因而弱化了传统经济上中介在生产者与消费者之间扮演的角色,取而代之的是新型的信息服务中介,如搜索中介、保险服务中介、金融服务中介、网络服务中介等。信息服务中介的参与极大地提高了市场效率,这是他们可以在网络经济环境下存在和发展的主要原因。

第四,差别定价机制。传统经济在价格上奉行的是"一物一价",即同一种商品的价格是同一的,不会因为购买者的不同而存在差别。但是在网络经济条件下,特别是对数字产品,奉行的是适应买方特点的"一人一价"原则,即企业通过产品差异化进行个性化定价,降低产品的可替代性,从而可以实施价格差异,为企业获取最大的价值。

很显然,层级制式的企业组织结构已经不适用于网络经济下企业经营机制这些特质,亟需进行企业组织变革。

6.1.2 企业组织环境变化呼唤企业组织变革

我们从企业组织的外部环境和内部环境来分析环境给企业组织带来了什么样变革的压力。网络经济下企业组织外部环境的变化包括如下几个方面。

第一,消费者需求多样化。随着社会经济的发展,消费者的消费需求也开始从侧重于以物质层面需求的关注逐渐向多元化的方向拓展,而且,网络经济下消费者在交易中越来越拥有市场的主动权,消费者为满足自身个性化的兴趣,通过多种方式参与生产商的产品设计、产品服务以满足自己的需求。这些变化促使企业组织的目标和组织的运行特点要发生变革,即要以满足消费者多样化需求为组织目标,组织运行既要有灵活性,又要有适应性,企业组织要体现"服务"型的特质。

第二,竞争的加剧。网络经济下的竞争是随着世界经济全球化、区域经济一体化,全球范围内贸易、投资和金融的国际化、自由化和规范化程度不断提高而在不断地加剧,使企业组织必须对原有的组织结构和经营模式进行重新设计,以适应激烈竞争。

第三,技术的进步。现代信息技术的飞速发展及其广泛应用,不仅使得全球经济更加一体化,而且还使传统的社会活动发生了革命性变化。企业可以通过电子工具从事各种经营活动,如实现从原材料查询、采购、产品展示、订购到出品、储运,以及电子支付等。网络平台给消费者和网络商家提供了一个开放的交互式的商务交流途径,缩短了生产厂商与最终用户之间供应链的距离,中间环节的市场空间显著缩小,因此不能为顾客提供独有附加价值的中间商或贸易商终将消亡。

从内部环境来看,一些因素的变化给组织带来了变革压力。

第一,企业组织目标的进一步完善促进组织变革。网络社会下企业组织的目标有了一定的变化,把实现利润的最大化与企业的社会责任相结合起来。利润与社会责任的相结合一直都是企业组织所追求的两个不可或缺的内容。但在工业经济时代,部分企业组织的目标更偏重于追求利润最大化,而淡化了企业的社会责任。这就会带来一些不良后果,比如容易导致企业组织的短期性行为,而缺少了长远的发展;而且,利润最大化的受益者集中在企业组织的主要所有者,其他利益相关者的主体目标则没有得到更好体现。更为严重的是,片面追求利润最大化容易弱化企业的社会责任感。这个问题如果不得到解决,就无法适应网络经济所突出的共享性、协调性特质,因此,绝大多数企业组织已经关注到了这个问题,已经开始不仅关注企业利润,还开始关注企业组织的社会责任、关注企业对消费者的责任,关注企业对自己员工的责任。企业的目标得到了进一步的完善,由此就必然会引发传统企业组织向网络企业组织发生变革的必然趋势。

第二,层级组织与网络经济生产、管理的冲突呼唤组织变革。在工业经济社会,层级组织的最大优势在于层级的规模存在以及层级与层级之间的强大控制力,以其强有力的控制能力及规模的存在实现了大规模的生产和大规模销售的高效融合。但是,在网络经济下,层级组织的优势逐渐遭遇到冲击,其存在的缺陷也逐渐暴露了出来,比如,层级组织规模的存在就决定了其组织成本的规模,层级之间的强大控制力优势就有可能扼杀创新力和主动性。与此同时,与网络经济相适应的生产方式和效率标准等也都发生了变化,层级组织已经完全不能适应网络经济的运行了,这就呼唤组织变革的到来。

第三,组织沟通、交流方式的变化呼唤组织变革。企业组织的目的是获得一种有效的协调机制,通过迅速而准确的信息传递,以最低的成本达到组织的生产经营目标。网络技术的发展促进了组织内部信息流动方式的变革,必然也要求在企业组织理念、企业组织设计思想、企业组织管理方式与之完全相适应。首先,网络技术所实现的开放信息结构必然会带来开放的权力结构。一方面,开放的信息交流为下层管理提供了正确决策的资源;另一方面,面对瞬息万变的网络经济时代的市场,企业更需要通过分散决策权来建立快速反应机制,发挥员工的创造力。其次,网络技术这个通畅的信息通道使企业高层管理的控制能力大大增强,以信息传递和监督下层为主要任务的中层管理将逐渐萎缩,从而使企业的组织结构趋于扁平。再者,网络技术提供的极其广泛的电子化信息资源和极其方便的存取方式,使得企业将逐步发展为开放的、企业市场一体化的新型组织。

第四,企业组织成员需求的变化。网络经济下,在企业组织对其成员提出了更高的要求的同时,组织成员的需求层次也不断提高。组织成员既需要衣、食和住的满足,还需要被关心、被尊重的需求,需要理想的实现,自我价值的实现。另外,组织员工的需求不仅在内容上发生变化,而且还呈现出差异化和个性化的特征。企业组织成员需求的变化促使企业组织采用相应的措施来适应这些变化。

6.1.3 网络经济对企业组织的影响呼唤企业组织变革

首先,网络经济的技术特征——信息技术的发展与广泛应用对企业组织带来影响,由此呼唤企业组织变革。信息技术的发展与广泛应用是网络经济最突出的特征,构成了网络经济中"网络"这两个字内涵的基本要素。信息技术广泛应用所产生的直接效果就是,减轻了信息的不对称程度,提高了信息的效率。信息技术的这两个效果对企业带来最深远的影响在于,大幅度降低了企业成本,即组织成本费用(管理成本)和企业的交易费用。主要体现在:第一,交易环节的减少带来了组织费用和交易费用的减少。"虚拟空间"与"虚拟市场"的域性特质导致中间商、代理商等中介环节的弱化甚至消亡,这样,依赖于中间环节而存在的组织机构也被弱化甚至取消,这个层次的组织结构存在成本与组织环节的参与带来的费用大幅度被减少。第二,买卖双方的沟通主要是信息沟通,信息成为整个商业行为过程变化的主导因素,并且,价格信息是共同信息,价格就不成为企业的竞争方式,即非价格竞争成为企业的基本竞争方式,正是因为这些特质的存在,买卖双方基本上可以实现交易费用的低成本化。从如上分析看来,信息是企业交易的核心要素,占据着核心地位,再匹之以现代信息技术的话,交易过程中的信息处理成本将极度降低,甚至可能趋向于零,那么,很显然,企业的交易费用在不断降低的同时,企业的交易结构与交易形态也在发生变化,企业组织变革也就成为必然。

其次,网络经济的产品特征——系统产品对企业组织带来了影响,呼唤组织变革。网络经济中系统产品的特征在于其整体性,从现象上来说,系统产品是由若干个相对独立的辅助产品所组成,如果该产品要产生效用,就必须通过一定的方式使之联结为一体。网络经济下的企业正是呈现这样一种特征,即一个企业或者企业中的一个组织,往往只是分工生产系统产品中的一种或两种辅助产品,而不是负责整个系统产品所有辅助产品的生产,所有辅助产品的完成要依靠多个企业或企业的多个组织系统来完成。这样,企业就必须和其生产同一系统产品不同组件的企业组成合作联盟,通过同盟关系一起参与系统产品的生产及市场竞争,或者说,同一企业中的不同组织必须组成合作联盟,共同参与系统产品的生产及市场竞争。那么,这些企业之间以及企业内部组织之间的关系就应该是相互合作,紧密团结的关系,这样才能协调产品之间的兼容性,才能彼此之间科学运行,并最终组成系统产品,而且,该系统产品只有占据了市场,满足了消费者的需求才能算是取得了成功。所以说,网络经济下系统产品的生产模式也由此提出了企业组织变革的需求。

再次,网络经济的"赢家通吃"的市场结构对企业组织带来了影响,呼唤企业组织变革。"赢家通吃"的市场结构使得每个企业发现在它们面前只有两条路可以选择:要么竞争胜利成为最后的赢家,占有巨大的市场份额并享受丰厚的利润;要么竞争失败成为输家,只有极少的市场份额甚至被迫退出市场。因此在这样的市场中,企业之间的竞争是残酷而又激烈的。在"赢家通吃"的市场上,质量最好的产品不一定能成为主导产品,而市场的主导产品往往也不是质量最好的产品,网络经济中的企业竞争更强调的是以速度取胜,那么以速度取胜的前提条件不仅与产品的质量有关,还与企业组织运行的效率有关。

总之,网络经济形态下多种因素的出现对企业组织造成深刻的影响,要求企业组织结构对其做出回应——组织变革就是唯一现实有效路径。

6.2 新的体系:网络经济下企业组织战略的变革

关于战略变革有两种理解:一种是指企业战略内容方面的变革,包括企业的经营范围、资源配置、竞争优势以及这些因素之间的协同作用的变化;另一种是指企业应对外部环境的变化以及企业应对战略内容发生变化所做出的变革。这种变革可能是企业业务的变化,也可能体现为企业组织层面的变化,甚至是两者的综合变化,我们这里的战略变革指的是企业组织战略内容的变革。战略内容的变革引起组织流程、结构、人员和文化的变革。网络经济给企业组织战略带来的影响,以定位、资源和竞争为基础的传统战略已经无法在网络经济时代继续适用。新的战略体系将以客户为中心,以合作代替竞争,并且更加适应不确定性。

6.2.1 以客户关系为导向的企业组织战略

客户关系导向的企业组织战略提倡以研究客户需求和满足客户需求作为企业组织战略的出发点,其核心点在于强调客户是企业经营的中心。

客户关系导向战略的重点在于,客户与企业不可分割地结合在一起。在这样的理念的引导下,企业组织运行能力的评判标准就发生了变化,就不仅考虑企业的盈利能力,还要考虑企业如何运作与客户的关系,使之给企业带来利润,由此实现客户价值。所以,发现、引导和创造客户需求、满足客户需求、维系客户关系便成为这种企业战略的重点。

传统的企业组织战略的核心内容是资源的使用价值,其竞争优势侧重于通过对自然资源型生产要素的直接拥有而在企业经营的终端产品市场上显现出来的。客户关系导向的战略管理思想则与之存在一定的差别,企业一是需要采取各种措施提高客户满意度和客户保有率。这包括设计和开发新产品满足客户的现实和潜在需求;不断加快客户服务的响应速度,改善客户的服务质量;竭力留住老客户等。二是企业需要最大限度地调配资源来满足客户的需求,充分重视企业组织的外部内部的协调能力、在资源整合能力上具有较大的灵活性。这包括不断完善客户反馈系统,虚心接受客户的意见和建议;建立与客户要求相适应的组织结构等。三是企业需要注重对客户需求的动态变化的分析。客户需求多元、层次多样的现实状况决定了企业对客户的研究要特别引起关注。只有充分明确了客户的需求,才能为客户提供更有价值的产品和服务,也才能拥有客户,才能最终赢得市场。反过来,如果不花精力,不花心思在客户身上,不重视对客户需求的研究与关注的话,就不可能拥有客户,更不可能占据市场,企业就更不可能有竞争力,甚至其生存都有可能受到威胁。这就要求我国企业战略要以客户关系为导向,促使企业进行组织战略层面的创新与变革。

在这里需要引起我们关注的是,客户关系导向的企业战略意味着一种全新企业运作模式,意味着在企业战略思想、管理理念、运行方式、组织结构等各个方面都将发生重大变化的革命性变革。

6.2.2 基于合作与联盟的企业组织战略

网络经济下的战略联盟是企业间合作的主要形式。美国西北大学 Gulati 教授指出,战略联盟需要的三个基本要件:首先,联盟会涉及两个或更多个独立的企业。其次,联盟的目的是实现双方企业的特定战略目标,并共享联盟所带来的利益。最后,联盟可以多种不同的组织形态存在(包括横向或纵向的)。企业可以根据自身实际情况,根据不同目的建立产品联盟、技术联盟等形式的战略联盟。

网络经济发展以来,中外企业在合作规模上不断扩大,并建立了大量战略性联盟。在改革开放的初期,高度短缺的卖方市场减弱了我国企业技术学习的意识,也造成我国在过去十几年经济高速增长和企业研究发展低水平并存的局面。但随着网络经济的出现,结构调整、产业升级和国际竞争的压力使得简单的模仿策略失去了竞争优势。企业更趋向于通过联盟来提高自己的学习能力和创新能力。我们从分析我国企业与西方企业建立的战略联盟来看,这种战略联盟大多属于产品联盟,对于西方企业来说,其主要目的在于借助我国企业而进入中国市场,而不希望看到技术的转移。对于我国企业来说,我国企业在这种形式的联盟中处于相对从属的地位,不可能形成一个完整的产业链,扮演的是发达国家经济扩张的一个产业补充或延伸的角色。长远来看,我国企业要想成为联盟中的主体,就必须有自己独特的产品设计和生产能力,就必须在与国际上其他组织联盟的过程中积极地学习、借鉴他人的经验,吸收其先进而科学的理念,为逐渐成为联盟中的主体打下坚实的基础。

另外,从范围上来讲,我国企业与国外企业之间联盟越来越多,但国内企业联盟偏少,特别是国内企业之间的技术联盟的比例也不是很高。这可能与我国企业总体技术水平相对较低有关,但更与其还保持着传统的竞争观念有关。实际上,我国企业与国外企业可以建立联盟与合作关系,国内企业之间同样可以建立联盟与合作关系,这个领域的开发,必将给企业带来新的发展空间。

6.2.3 基于不确定性的企业组织战略

要解决和降低不确定性环境中的风险,企业组织可以根据所处的环境以及自身的能力采取灵活的柔性化战略。主要方法有:

第一,企业组织要成为产业的塑造者。即企业组织要将产业按照自己的设计形成新的结构,使得企业在市场需求增长之前就能够增加新的生产能力。要实现这样一个目标,企业就必须高度关注如何在市场中创造出新的机会,比如企业可以改造现有的产业或者重新构建一个相对稳定的具有竞争力的产业;或者锻造自己在高度不确定的产业中,如何能够继续有力地控制市场需求变化趋势的能力。

第二,企业组织要成为未来的适应者。即使是最优秀的市场操控者,适应变化多端的市场的能力也是必须具备的。一般来说,优秀的企业会把当前的产业及其未来的演变看作是既定的,并且根据市场中的机会做出反应、调整。

第三,企业组织要保留参与的权力。基于不确定性的企业组织战略要求企业不断地追加投资,为企业组织参与到企业运行中去,为企业占领市场提供保障。

6.3 扁平化、网络化与两极化:
网络经济下企业组织内部结构的变革

网络经济下的企业组织构成是在传统层级制组织结构上建构起来的,换个角度来说,网络企业组织的变革就是对传统企业组织的改造与更新,是在对传统层级制的改造的基础上,构建起符合网络经济发展的企业组织结构,即体现出扁平化、网络化与两极化特质的组织结构。

6.3.1 管理层级的变化——扁平化

为了适应传统工业经济的发展,绝大多数企业的组织结构都是层级制的,其最典型特征是从最高的决策层到最底层的操作层之间存在着相当长的等级链条。传统企业组织中会存在如此长的层级有两个原因:第一个原因与当时企业的职能有关,传统经济中企业的主要职能是计划与决策,稳定的市场环境使得企业的运行完全可以根据事先的计划进行。因此,为了落实使整体目标能够实现,企业把整体进行划分为各小部分,并针对这些一个个的部分制定出相应的不同层次的计划任务和指标,而与此对应的繁多的管理层级就是为了保证各级计划指标能顺利完成而设定的。第二个原因在管理人员的管理能力与管理幅度的关系问题上。对于每个管理人员来说,理论上都存在一个有效的管理幅度的情况,当其管理的幅度超过了他的管理能力的时候,其管理效率就会降低,于是,为了提高管理效率,那些大型的企业就会扩充管理人员,这样便产生出了一个了庞大的等级链条。

可是在网络经济中,这种冗长的管理层级已经完全不能适应网络企业的新发展,因为它极大地增加了组织成本。首先,作为网络经济的核心要素,它在网络企业中的典型特征就是快速传递,可是,冗长的管理层级明显增加了信息在企业内部上传下达的节点,不同节点的停留定然会减慢信息的传递速度,甚至有可能在信息的真实性上出现误差,其间就会花费了大量时间,协调成本就会明显上升。其次,这种多层管理层级会抑制企业的创新精神的风险。多层管理层级讲求的是以控制为手段,讲求以计划为目标,讲求对上级命令的服从与执行,一方面会降低企业的灵活适应性,另一方面会抑制员工的思考与创新,不利于企业创新精神的形成。再次,这种多层管理层级增加了企业的机会成本。机会对于快速变化,竞争激烈的网络市场来说非常重要的,当我们发现了一个新的机会,却不能立即抓住,而是要先向上一层汇报,然后一层级一层级地等待的话,机会就会被别人抓住,失去一个机会的同时实际上就是失去了一个新的市场。最后,冗长的管理层级还会使企业内部滋生严重的官僚主义作风。官僚主义作风一旦形成则会危害无比,很可能会导致企业组织成本的提高。

冗长的管理层级已经是非常不适合网络企业的发展,网络企业必须对其组织结构进行变革,必须最大限度地压缩组织的管理层级,最大限度地消除冗长管理层级的短板,这有利于网络企业适应外界环境变化能力的提升,有利于网络企业竞争力的提升。企业的层级扁平化转向成为化解冗长的管理层级的一剂良药。

扁平化层级组织的实现是有条件的,传统社会条件无法为之提供技术支撑,网络社会下现代化信息通信技术的迅速发展成为企业扁平化层级组织建构的支撑。一方面,目前,企业广泛采用管理信息系统(MIS)、决策支持系统(DSS)等新型的辅助决策工具,通过这些工具的使用,管理者决策的准确性得到了更大程度的保证,也大大减少了决策所需花费的时间,决策的效率有了明显的提高。另一方面,在现代化信息通信技术的辅助下,管理者的管理效率得到了提升,管理能力也得到了增强,就自然拓宽了管理者的控制工作任务的幅度。相比传统经济下,对于同样的一名管理人员而言,现代化信息通信技术的使用使得他在企业组织层级中有效管理的下级人数得到了扩充,于是减少组织的管理层级就成为必然。另外,现代化信息通信技术的应用也彻底改变了组织内部信息流的传递模式,呈现出与传统模式完全不同的状况,即组织内各层级组织成员之间的信息处理关系从纵向的主从关系,转变为水平的对等关系或纵横交错的对等关系。这就意味着,无论是层级最低的普通员工,还是中间层级的管理层,还是决策层的领导,彼此之间都可以借助现代信息通信技术在最短的时间内以最快的速度直接进行交流,完全颠覆了传统上信息的交流普遍停留于逐级传递的,这无疑能够极大地节约信息传递的成本,也压缩了协调的环节以及由此产生的成本。

中间管理层是管理层级压缩的主要对象。原有的管理层机制中把管理层分为最高管理层、中间管理层和操作层,其基本的职能分工是这样的:最高管理层主要负责企业的经营决策;中间管理层主要职能是上传下达,并负责监控操作层按照最高管理层的意图完成各项任务;操作层则主要负责具体执行最高管理层所制定的经营决策。当现代信息技术被广泛应用之后,最高管理层的决策能力和决策效率得到了加强,操作层完成任务的能力和效率也得到了极大的提高,最为关键的是,借助于发达、完善的网络系统,最高层与操作层之间可以实现信息流的直接传递。于是,传统经济中作为连接上下两层中间管理层的作用就被大大弱化了,这个层级的缩小并不会给企业的生产运营带来不利的影响,所以,减少中间层在组织内部的层级链条中的比重,就减少了企业在这个层级上花费的资源,就大大节约了企业的运营成本,因此,中间管理层就理所当然地成为企业层级压缩的首选。

企业管理层级扁平化变革的结果带来了我们通常称之为"哑铃式"的层级结构,使得网络经济中企业的层级结构中只存在最高管理决策层和最基本的操作层,传统的中间层级大幅减少,有些网络企业的中间层级甚至趋向于零。传统的中间层所执行的职能基本上由以计算机、网络等新型的技术工具组成的现代信息技术所取代。企业管理层级的这种变革大幅度地节约了信息传递成本、协调与沟通的成本、机会成本,还提高了企业的灵活适应性,使得企业在激烈的网络市场环境中生存和发展具有更大的优势条件。

6.3.2 组织沟通的变化——网络化

在传统的层级结构组织中,管理信息传递的方式侧重于单向的"一对多"

式,具体表现为,组织内的沟通一般是发生在同一个部门之内的具有直接管理关系的上下级之间,下一层级的人数要比上一层级的人数多。而组织内部不同层级的人员很少有直接的工作往来的沟通,隔级之间的工作沟通几乎没有。"命令—服从"式的层级结构是造成这种现象存在的主要原因。在"命令—服从"式的层级结构中,每个员工只需对其直接关联的上下级负责,这就意味着他只需要在纵向上接收和发送信息,即与直接的上下级进行沟通就可以,隔级沟通则是一种违背组织层级原则的事情。同时,在"命令—服从"式的层级结构中,同一层级中的各个员工的分工与职责都非常固化,很少存在彼此覆盖的地方,这也就意味着同一层级之间也很少能就工作内容进行横向沟通。即便是有工作任务互补的沟通需要,通常也发生在两个部门的负责人之间,普通员工基本上都仅仅负责执行上级分配给自己事情,部门员工之间并不存在普遍性的沟通行为。但是,在处于信息变化速度极快的网络经济中,这种"命令–服从"式的层级结构就被打破,跨部门之间的沟通成为一种极为普遍的现象,不同层级的以及相同层级的员工之间的沟通也变得非常普通了。

组织沟通的网络化有利于企业形成良好的灵活适应性和独特的核心竞争能力。我们先来分析组织沟通的灵活适应性。网络带来了企业运行外部环境的不稳定,这就需要企业必须具备良好的灵活适应性来应对外部环境的变动。对突发事件的处理能力是企业灵活适应性的表现之一。当一个普通员工在工作过程中突然遭遇一件严重的紧急的突发事件的时候,这个突发事件能否在最短的时间内被最有效低得到化解,取决于如下两个非常重要的要素:一是这个普通员工是逐级报告还是直接向有权处理该事件的层级领导请示处理办法。二是有权处理该事件的层级领导是否有权要求与事件相关的其他部门的人员共同在最短的时间内进行有效协调。这是保证该事件能在极短的时间内得到正确的处理的关键要素,而如果这两个要素要得到肯定的回答的话,就要求企业内部实现网络化的沟通协调模式。我们再来看核心竞争能力问题。一个网络企业要形成企业独特的核心竞争能力,必须在整个组织内部形成知识与能力的学习与共享机制。这个共享机制的特质在于,如何将蕴藏在每个不同部门内部、每个不同部门普通员工的隐性知识转化为显性知识,并能被所有的部门、所有员工进行学习与共享,这一特质的实现关键在于企业内部员工与员工之间、部门与部门之间的沟通与联系的顺畅无阻,组织沟通的网络化是实现这一特质的有效手段。由此,组织沟通的网络化是企业内部结构变革的必然趋势。

网络经济所拥有的先进技术手段为这一变革提供了强有力的支持。网络经济存在的基础是拥有信息化的技术手段,企业广泛地应用信息化的技术手段诸如使用电子办公、视频会议、在线服务等先进的信息沟通方式之后,打破了传统的以面对面为主的沟通方式。一方面,打破了时间、空间的限制,组织内与组织外的沟通都可以在任何时间任何空间里进行,不再遭受地域限制的困扰;另一方面,信息化的沟通方式还节约了沟通的费用,节约了沟通的人力,而且沟通效率还得到了提升。目前,信息化的沟通方式已经被所有的企业所采用,企业组织结构已经快速向网络化发展。

6.3.3　企业规模的变化:两极化

科斯于 1937 年从理论上提出了如何决定企业规模(边界)的问题,他认为,市场交易所产生的边际成本等于由企业内交易的所产生边际成本的那个点,即决定了企业的最优边界。这一结论在现实中的企业经营实践中则体现为"购买还是制造"的决策,即为了将投入转化为产出,企业必须考虑哪些投入要素应该由自己生产,哪些应该从外部供应商那里去购买。正是这种决策决定了现实中企业的边界。而这种决策的依据仍然是两者成本(交易成本和生产成本)的比较:当从外部供应商购买的成本要远高于内部制造的成本的时候,企业就会进行纵向一体化以达到内部生产的目的,在这种情况下企业的边界就会扩大;与之相反,如果外部购买的成本要小于内部生产的成本的话,那么,企业会放弃内部生产转而从供应商那里购买,在这种情况下企业的边界就会缩小。

那么网络经济的到来引来了什么样的变化呢?我们认为,网络技术在企业中的广泛应用大大节约了企业的生产成本和交易成本,从而引起了企业边界的有效变动。首先,网络技术通过影响决定企业内部生产成本和交易成本、企业外部生产成本和交易成本的因素而实现企业的内外总成本都有所降低。网络技术在企业中的广泛应用可以降低企业运行因信息不对称带来的生产成本和交易成本,减少机会主义行为的发生而降低生产成本和交易成本,还可以减少企业所需的劳动力和资金数量上的生产成本;其次,不同性质的企业应用网络技术来降低生产成本和交易成本的效果会有一定的差异,比如企业组织结构特征及其信息处理特征的不同,网络技术应用的效果也会不同,这就会导致其一,同一企业内外总成本的相对节约幅度会有不相同的可能,其二,不同企业的成本节约幅度也会有不相同的可能;最后,这种内外成本相对节约幅度大小的不一致的结果就会影响企业有效边界的变动——其边界将会向节约成本幅度最大的那一方向演变。在这种情况下,企业边界的变动就出现了两种向度相反的情况:一是企业边界发生扩大,以更有效地利用层级机制最大化地节约内部生产成本和交易成本;另一是企业边界发生缩小,以更有效地利用市场机制最大化地节约外部生产成本和交易成本。在网络经济中,企业边界的这种两极化发展是非常普遍的,其变化的最终目的在于,比竞争对手取得成本上的优势,从而拥有更强的竞争力。

6.4 信任与合作:网络经济下企业文化的变革

企业文化是指企业成员广泛接受的价值观念以及由这种价值观念所影响和形成的行为准则和行为方式。对于网络企业来说,企业文化具有极大的价值,它能够以极低的成本协调组织成员的思想和行为,并使组织成员的思想和行为与企业的发展达成完全一致。具有高度信任、开放合作、学习型和灵活适应性特征的文化是适合网络经济发展的企业文化。

6.4.1 高度信任的企业文化

高度信任的企业文化有什么意义呢? 高度信任的企业文化有利于企业建立起富有意义的合作伙伴关系,组织内部之间、组织与外部环境、同行企业之间因为信任文化的存在而能够彼此紧密联系在一起,共同合作而形成合作伙伴关系。

高度信任的企业文化是企业授权的基础。在现代组织管理中,授权是调动下属积极性,促进管理更加有效的常用方法,特别是随着企业的进一步发展、企业组织的进一步扩大的必然趋势。要实现授权,高度信任的企业文化的存在是基础。对企业内部来说,只有具有高度信任的企业文化,高层管理者才敢授权,民主管理才能成为现实。对于企业外部来说,企业与顾客的关系、企业与供应商的关系、企业与企业之间的关系,也必须是以诚实为基础上的互利互惠,只有取得彼此的充分信任,才能成为新型的合作伙伴,才能实现共赢共利,共同发展。因而,依赖于虚拟空间运行的网络经济,高度信任的企业文化是决定其能否健康、有序且持续发展的关键。

6.4.2 开放合作的企业文化

开放合作的伙伴关系是现代经济法阵的基础,是企业形成市场竞争力的源泉。现代经济发展的过程已经充分证明,那种彼此孤立、单打独斗的对抗性竞争的时代已经结束了,反之,要在竞争中获胜,合作成为必不可少的条件,企业的竞争优势建立在企业之间的彼此合作基础上。因此,形成开放合作的企业文化是网络经济下企业谋求发展的必然选择。

对于企业与外部环境来说,开放合作的企业文化有利于企业之间资源互补,有利于竞争力的提升。因为开放合作关系的形成,单个企业之间可以互补战略资源上的缺口,共同赢得市场。而且,在这个互补的过程中,企业之间相互学习,共同积累,各自结合自身的优势而培养出核心竞争力。开放合作的企业文化还有利于企业与顾客的沟通,有利于了解和尊重顾客的需求,有利于与顾客建立信任与合作的关系,使顾客成为企业最忠实最长久的客户;开放合作的企业文化有利于企业处理与供应商的关系,与其建立相互信赖,通力合作的新型关系,在共同为顾客提供价值高的产品和服务的过程中实现了双方利益诉求的满足。

对企业内部来说,开放合作的企业文化能够极大地加强和促进企业管理层之间、企业管理层与员工之间以及员工与员工之间的良性互动,有利于建立合作、平等的管理与被管理的组织关系,最大限度地激发出组织成员的工作效率,也就最大限度地提升了企业的效率,提升了企业的竞争力。

6.4.3 学习型企业文化

学习型文化有四点含义:一是强调"终身学习"。即鼓励组织中成员养成终身学习的习惯,形成随着职业发展的不同阶段,职业任务的不同内容而持续不断地进行学习的习惯。二是强调"全员学习",无论是企业的决策层,还是管理层、操作层都需要养成爱学习,愿意学习的习惯,以此提高各类人员的创新能力。特别是决定企业发展方向和战略决策层,更应该与时俱进地学习。三是强调"全过程学习",即学习必须贯彻于组织系统运行的整个过程。四是强调"团体学习",组织不但重视个人学习和个人智力的开发,而且强调组织成员的合作学习和群体智力的开发。

学习型文化是企业在网络环境中成功发展的保证,一个企业的学习能力越强,就会进步越快,就会产生极强的环境变化的适应性能力,那么,其生存与竞争能力也就越强。由此看来,在竞争极其激烈的环境下,学习型文化是网络条件下企业文化的一个重要的新变化。

6.4.4 灵活适应型企业文化

灵活适应型的企业文化有利于企业应对剧烈的环境变动。在具有灵活适应性文化的企业中,成员们都有一种信心,即组织可以对付任何机会与威胁。

灵活适应型企业文化的关键点在于,企业组织侧重于实施灵活和适应顾客需要的变化,并把企业战略的重点集中于外部环境之上的适应。同时,这种文化不仅是快速地对环境变化做出反应,而且还能在此基础上迅速、灵活地从事积极的创造。

6.5 网络组织:新型的企业外部机制

网络组织是企业为了适应网络经济发展而成立的组织,是一种新型的企业外部机制。

6.5.1 网络组织的优势

网络组织与层级组织相比,有其突出的竞争优势。

首先,网络组织具有成本优势。一是减少了交易成本。网络组织能够同时节约市场组织和层级组织的交易成本。二是降低市场风险导致的损失。网络组织主要通过合同的形式在相关的合作企业之间建立战略合作联盟,各合作企业保持了产权的相对独立地位,无需重新进行资产重组,降低了市场风险损失的可能性。三是减少了交易的不确定性带来的成本。网络组织一经建立,联盟各方出于自身利益的理性考虑会积极配合交易的内部化,使得不确定性减少。四是减少机会主义行为带来的成本。由于网络组织是各方出于长期合作的联盟,而且各方均拥有其他方所不具有的核心竞争力,可以避免由于短期交易而导致的机会主义行为发生带来的不良后果。

其次,网络组织具有资源优势。网络组织通过部分的共同所有权而享有对伙伴企业资源的控制或直接的约束,在双方仔细审定了合作的意向和结构之后,这种对未来资源使用和战略行为的约束将会是对双方有益的。我们可以这么认为,网络组织是一种共同所有权和控制权的安排,通过这种安排,企业可以突破本身的资源和战略约束。

6.5.2 网络组织建立的基本原则

一是对各方都有利。这是网络组织建立的根本性原则,也是网络组织建立的根本性目标,所以,网络组织的建立必须是以满足各方的实际需要为前提,为目标。基于此,企业应充分研究建立或加入网络组织的可能性,要对各方在短期目标和长期目标上保持一致进行研究。

一是建立合适的组织结构。合适的组织结构利于网络组织的有效决策和资源共享。二是开展多极的联盟关系。多极的网络联盟比单极的网络联盟能够更为广泛地运用多个企业的综合优势。

6.5.3 网络组织合作伙伴的选择

合作伙伴的选择是建立网络组织的基础上,网络组织的成功与否在很大程度上取决于合作伙伴的正确选择,取决于合作伙伴之间能否建立良好的合作关系。合作伙伴的选择有多种因素和选择标准需要考虑。

第一,要考虑兼容性,即要考虑合作伙伴之间以及组织内部的成员在经营战略、经营方式、组织结构和管理方式等方面是否能保持稳定的和谐一致。就经营战略来说,这是企业成功的核心,合作伙伴之间在这个方面上必须具有相对的一致性与和谐性,否则不能构成良好的伙伴关系。就文化的兼容来说,企业文化是一个企业凝结成的体现企业核心价值观的精神层面的内容,在企业的发展中占据核心地位,这就意味着企业在考虑合作伙伴时,肯定要考虑双方的企业文化的接近性和融合性,或者说,要考虑伙伴之间是否在面对文化差异带来问题时,能有一种相互理解且有效化解的态度及行为,因为这是合作伙伴在面临文化冲突时是否能理性解决化解冲突,而不是使冲突扩大化的前提,尤其面对那些是来自不同地区具有完全不同的文化背景的合作伙伴,更是要考虑这个问题。当然,我们也不能以文化的绝对相似性作为标准,适度的文化差异存在是可以的,关键看其融合性。我们强调兼容性并不是完全否定任何摩擦,合作伙伴之间的摩擦是不可避免的,甚至有可能促进合作伙伴关系的完善,这就要求合作企业之间要把握好摩擦的尺度,以不违背合作各方的意愿以及彼此间互相尊重为前提,并且最终能够化解摩擦。

第二,要考虑能力。企业能力是合作成立的前提,企业合作的目的之一在于通过彼此的优势能力实现更大的竞争力,任何企业不可能选择一个没有能力的企业进行合作,否则的话合作就失去了原初的意义。当下企业面临的是一个企业产品和技术更新换代速度急剧加快的外部环境,给企业带来的竞争压力也越来越大,在这种环境下,企业在自己本身具有的资源与能力的基础上,再寻求外部力量的加入,更有力地应对竞争。也正是为了应对外部的竞争压力而寻求支持,所以这个外部的支持力量必须具备提供支持能量的能力,企业通过这个来自外部的能力达到完善自身企业的薄弱环节的目的。也就是说,合作的目的是通过不同企业的优势互补和整合而达到 $1+1>2$ 的效果,而如果合作各方具备的能力并不是双方相互需要的资源的话,那么这样的合作就很难成功。为了理性客观地评价合作伙伴的能力,企业应该对所有潜在的合作者进行认真考察,把考察的资料整理成标准的档案资料,便于对各潜在合作者的能力进行对比评价,掌握其优势和劣势,为做出决策提供资料。

第三,承诺。承诺就是合作双方就合作关系约定各自可以享有的权利和必须承担的义务。只有网络组织内各成员之间都能够及时地有效地履行各自的承诺,稳固的合作关系才能形成、才能稳定,也才能持久。履行承诺一方面体现的是企业经营遵守的最基本的诚信准则,另一方面是对合作双方均能共享彼此的优势资源,以实现合作预期的理想效果,实现合作的最大协同效应。

以如上三个标准为参照,企业合作伙伴的选择可以遵循如下思路:首先是知己,即把企业的资源、生产能力和市场潜力结合起来对自身进行一个综合性的评估,依据评估结果,制定出符合企业发展的战略目标。其次是调研市场,寻找可能的合作伙伴。合作伙伴的寻求要遵从本企业的战略目标,以能力考核为重心,重点考察其能力与本企业的发展具有互补性的合作对象。再次是对寻找到的潜在的合作伙伴进行评估,评估的要点有两个方面,一个方面是,潜在企业是否具有与本企业的合作意向,如果有的话,是否做出了积极回应,另一个方面是,潜在企业在目标、资源优势等方面是否与本企业相匹配相互补,合作的建立是否能最大限度地实现双方利益获得的协同效应。

第 7 章 网络经济与政府治理

在网络经济发展初期,美国联邦通信委员会技术政策主任迈克尔·尼尔森指出:"正像信息技术深刻地改变了美国的商业结构一样,我们可以预见计算机技术和信息交流技术的发展将极大地影响政府的结构和职能。"他指出:"美国大部分政府官员对近在眼前的变革并不了解,美国政府和其他许多政府不是在考虑网络经济将如何改变政府的角色,而是在关注政府如何通过建设刺激电子商务、在线教育、电话诊断及其他功能发展的信息基础结构,来推动网络经济的发展;政府如何能通过信息技术来更快和更经济地实现当前的使命。而从长远来看一个更重要的问题是,信息技术和网络经济的发展将如何深刻地改变公众的期望和政府的工作方式。"[①]而反过来,我们还要探讨一个更为重要的问题是,网络经济在变革政府工作方式的前提下,政府应该如何应对网络经济的治理问题。

7.1 善治:政府治理解读

7.1.1 善治:对治理的理解

"治理"对应着英文 governance,20 世纪 90 年代开始在西方政治学和经济学界兴起,主要用来研究和解决国家政府与市场经济之间无法达到理想管理和调节效果的问题。随着社会政治经济的发展,该词普遍被用于政治、商业、非营利性行业、公共管理和国际合作等情境下。在 1995 年全球治理委员会《我们的

---

① 唐·泰普斯克特等著.数字经济的蓝图——电子商务的勃兴[M].东北财经大学出版社,1999.

全球之家》的研究报告中对治理做出的解释是这样的:治理是使相互冲突或不同的利益得以调和并且采取联合行动的持续的过程。治理有四个特征:治理不是一套规则条例,也不是一种活动,而是一个过程;治理过程的基础不是强制,而是协调;治理既涉及公共部门,也包括私人部门;治理并不意味着一种正式制度,而有赖于持续的互动。①

治理理论的代表人物罗茨提出了"善治"的范畴。善治(good governance)即良好的治理,是在治理理论基础上提出的新概念。"善治"可以说是从理论上对治理理论提升,也可以理解为治理的一种目标,它是公共利益最大化的社会管理过程。善治的本质特征就是政府与公民对公共生活的共同管理和良好合作。② 善治是强调政府与社会合作的治理模式,在这个治理模式中,公共领域与私人领域互相融合,没有进行明确的界限划分,奉行的是政府与社会积极互动的管理过程。它强调国家和社会的相互依赖和协调,并意味着管理仪式和管理手段的多元化。

按照法国学者玛丽-克劳斯·斯莫茨的概括,善治包括四大要素:其一,实现法治,并且通过法律手段来保障公民的安全。其二,公共机构能够在管理公共开支时做到公正、公开和高效。其三,对政府的领导人实行责任制,要求其对国家和所领导的公民负责。其四,政治透明性,公民能够及时地获得信息,了解国家政治的情况。③

善治理论来自西方,我国公共管理学者陈广胜置身于汉文化的语境,在专著《走向善治》中对善治这一概念进行了有代表性的概括:其一,从治理主体的角度来说,善治是"善者治理"。善者治理强调包括政府部门、行业组织、私营部门在内的各个主体都应该被赋予治理的权利,且这些主体都具备一定的治理能力。其二,从治理目的的角度来说,善治是"善意治理",突出治理的目的就是为了更好地服务公众。让公民充分享有权利,在良好的社会环境下享受公共生活带来的舒适感。其三,从治理方式的角度来说,善治是"善于治理"。用于治理的方式不应该是简单的管制,或政府单向的施压,政府应当协调好社会各界力量,尊重各个主体的不同需求。其四,从治理结果的角度来说,善治是"善态治

① 唐涛.网络舆情治理研究[M].上海:上海社会科学出版社,2014:80-83.
② 唐涛.网络舆情治理研究[M].上海:上海社会科学出版社,2014:80-83.
③ 唐涛.网络舆情治理研究[M].上海:上海社会科学出版社,2014:80-83.

理",就是形成一种和谐的治理机制,矛盾和冲突能在这一机制中被及时化解。①

综合上述国内外学者的解析和概括,善治主要强调了在治理过程中的以下几个方面:一是参与主体多元,且主体之间是上下互动的关系,而非仅仅是政府自上而下的统治。二是治理手段多样,且必须以法治为前提。三是治理的过程要公开透明,便于全民监督和参与。四是治理的目标是整个社会形成一个和谐的治理机制,在这一机制中,矛盾与冲突能够被充分及时地化解。

我们以此为线索来讨论网络经济下的政府治理。

7.1.2 政府治理的内涵

治理理论在社会治理领域的延伸之一就是政府治理。在中西方不同的语境下,对政府治理内涵的理解也有其特殊性。政府治理源自西方 20 世纪 70 年代之后的政府再造运动、新公共管理运动,旨在推动政府转型,更多指政府自身的治理。西方政府治理的概念在我国也有一定的适用性,但不能完全覆盖中国的实际。我国政府治理的概念,更多要从国家与社会关系的角度分析。我国政府治理不仅反映政府本身的变革,还应该包括政府与市场、社会、公众关系的调整。

"中国的治理实践远非西方发达国家的治理实践,政府治理可能是恰当地概括了中国治理实践的概念。"②在我国的治理结构中,政府始终居于主导地位,即使今天多元治理结构已经形成也没有改变这种状况。这可以从以下三点来证明:一是我国的改革开放是政府主导的政策转型,而改革开放是政府治理变革的起点。二是我国政府改革是政府的自觉行动,是适应经济社会发展,政府在推动经济社会变革的同时也推动自身变革。三是我国政府适应了改革开放以来市场经济的新环境,为国家的现代化构建了良好的公共秩序。因此,在我国,政府治理包含两层基本含义,即政府自身的治理和以政府为主体的治理。政府自身的治理是政府的自我调适,按照改革的需要和市场经济的基本规律,政府在机构、职能方面的变革。以政府为主体的治理,是政府作为治理结构中的主体之一,运用公共权力对社会公共事务的持续有效治理。

从治理对象和内容上来说,我国的政府治理是对政府本身和市场、社会、公

---

① 陈广胜.走向善治——中国地方政府的模式创新[M].南京:浙江大学出版社,2007: 108－120.

② 包国宪、霍春龙.中国政府治理研究的回顾与展望[J].南京社会科学,2011(9):63－64.

众的治理,是"政府联合多方力量对社会公共事务的合作管理和社会对政府与公共权力进行约束的规则和行为的有机统一体,其目的是维护社会秩序,增进公共利益,保障公民的自由和权利。"①

政府治理的双重含义表明,一方面政府要通过组织优化和职能转变提高自身的效率和适应性,另一方面政府要与市场、社会、公众合作,实现对公共事务的有效治理,从而获得信任、增进合法性,体现人民政府的本质和宗旨。"政府要合理运用公共权力,代表社会和公众实施管理,从而获得社会成员的支持和认同,并使社会成员服从政府的法律和政策;同时,政府及其公职人员也要履行社会契约,兑现对社会和公众的承诺,保证公共利益的实现。"②这表明了政府治理的实质,即如何实现社会的公共利益,政府自身治理是服务于以政府为主体的治理的,是为了更好地实现公共利益和人民福祉。

我们再结合党的文献政策来探析政府治理的含义。党的十八届三中全会提出全面深化改革的总目标是"完善和发展中国特色社会主义制度,推进国家治理体系和治理能力的现代化。"党的十九大报告中提出,要"不断推进国家治理体系和治理能力现代化""建设人民满意的服务型政府"。从这些文献来看,我国的政府治理具有特殊的内涵,"在中国共产党人治国理政的话语和理论意义上,'政府治理'是指在中国共产党领导下,国家行政体制和治权体系遵循人民民主专政的国体规定性,基于党和人民根本利益一致性,维护社会秩序和安全,供给多种制度规则和基本公共服务,实现和发展公共利益。"③也就是说,我国的政府治理是指在中国共产党领导下,各类国家机关(具体执行由行政机关完成)对公共利益的实现过程,是党和政府与市场、公民、社会组织等其他治理主体的多元合作。

7.1.3 政府治理的基本模式

政府治理模式,是依据本国的社会经济条件,为高效实现公共利益,政府治理的各个要素组合呈现出的结构性、稳定性、整体性样态和行为方式。政府治理模式从宏观上说是国家与社会关系的模式,是政府、市场、社会、公众之间的关系模式;从微观上说是政府治理的理念、结构、工具、机制的组合方式;从静态

---

① 何增科.政府治理现代化与政府治理改革[J].行政科学论坛,2014(4):53-58.
② 张成福.责任政府论[J].中国人民大学学报,2000(2):75-82.
③ 王浦劬.国家治理、政府治理和社会治理的基本含义及其相互关系辨析[J].社会学评论,2014(3):12-20.

上说是政府治理体现出的阶段性特征;从动态上说是政府治理适应经济社会发展而不断调适的过程。

首先,我们来梳理一下历史上经历过的政府治理模式。我们认为,政府治理模式反映了不同的社会行为主体在治理结构中所处的地位,包括政府、社会或个人三大类。以此为依据,我们可以把历史上的政府治理模式归纳为三种主要类型,每一种类型都有其自身的特性。

第一种类型是以个人中心主义为主的自由资本主义时期。个人中心主义模式,就是在政府治理中充分注重个人作用发挥的一种治理模式。在这种政府治理模式下,重视个体价值的自我实现,一切社会的运转都要以是否实现个体的价值作为依据和参考,至于政府,他的权限被最大限度地缩小,只被允许在有限的领域发挥有限的作用。在个人中心主义的观点看来,充分发挥市场的积极作用也是可取的,重视市场作用的发挥最终有利于个人利益的实现。对于这种治理模式的特点,我们可以用"重个人,轻政府"来简要概括。这种模式的产生与第一次工业革命造成的影响密切相关,并且随着工业革命的扩展而传播到世界上的其他地方。这一模式在历史上曾有比较广泛的应用,比如在自由资本主义时代的英国、法国、美国等国家都是这一模式的运用典范。

从世界历史的客观角度而言,我们不应忽视个人中心主义模式的历史进步作用。正是有赖于资本主义发展早期的个人中心主义理念,把个人利益的实现奉为至高价值原则,才塑造了当时广为流传的"大市场、小政府"的模式。这种模式在历史发展中留下了极为瞩目的一笔。[①] 客观来看,在实践中践行这一模式,由于与时代发展的要求高度切合,它在很短的时间内使得社会财富得到了较快增加,国家的综合实力大为增强,逐渐在世界舞台的竞争中占据了有利位置,为国家以后的发展奠定了坚实的基础。从这个意义上说,由于现实中取得的巨大成绩,这一模式的建立是符合历史的发展的。当然,随着时代的发展进步,这一模式固有的缺陷也开始显现出来,比如社会贫富分化问题日益严峻、公共产品的需求不断加大以及工业革命后发国家的挑战等,政府的作用在实际运行中不断得到强化。正是顺着这一思路的延续和发展,最终促成了国家干预主义在后来的出现。

第二种类型是对个人中心主义模式的反驳的政府中心主义。由于个人中

---

① 何自力. 对"大市场,小政府"市场经济模式的反思——基于西方和拉美国家教训的研究[J].政治经济学评论,2014(5).

心主义模式中固有的弊端不断被暴露出来,这一治理无法与时代发展的要求相融合,最终在多种因素的共同影响下,让位于政府中心主义模式。①

从工业革命发生和发展的角度来看,个人中心主义主要是在工业革命首发国家,比如英国、法国等国家产生,而政府中心主义模式也与工业革命的发展密切相关。随着工业革命在世界范围内的进一步扩展,其影响力也与之俱进,在政治制度上发生的作用同样如此。在随后进行工业革命的国家中,德国、意大利和日本是其中的典型代表。他们在学习现代化先发国家的经济和科技等优势经验的同时,也对他们的治理模式进行了借鉴和运用。在这些国家的内部,现代化的进程并不是由某一个单一的阶级所主导,资产阶级在某些国家甚至都没有怎么发展起来。比如在德国和日本等国家,反而旧统治阶级发挥了重要的作用,而这些阶级不久前还是原来的统治阶级。这是与第一批现代化进程的国家的不同之处。

从历史发展的角度来看,政府中心主义模式之所以能够取代个人中心主义模式,主要的原因在两个方面:一是在现代化发展的进程中,先发展国家在各方面给后发展国家带来的冲击和挑战。二是虽然个人中心主义模式在历史上起过积极的作用,但其历史局限性也是不容忽视的。

第三种是第三世界不发达国家的政府治理模式——社会中心主义。在以上两种模式中,个人和政府分别在治理结构中占据主要地位,因此形成个人中心主义和政府中心主义的发展模式,相应的,国家在一定的模式指导下,分别选择了自己的现代化发展道路。具体到广大的后发展的亚非拉第三世界国家,需要引起我们关注的情况在于,在受到多种主客观条件限制的情况下,他们所选择的道路与前两种又有所不同,而是在实践中采用了社会中心主义的发展模式。② 单单从字面上来理解,这里的社会中心主义指的是社会力量相比个人或政府更为强大,并在其中发挥着十分显著的作用。这里所指的"社会"并不是我们常常认为的狭义上的社会,在这里主要指向的是各种强人或强势集团。相比其他行为主体而言,由于他们掌控着一定的社会资源,这些依附于他们的资源与他们结合在一起,最终在实践中构成为一个社会组织或社会团体,在治理结

---

① 曾维和.当代西方政府治理的理论化系谱——整体政府改革时代政府治理模式创新解析及启示[J].湖北经济学院学报,2010(8).

② 石晨霞.试析全球治理模式的转型——从国家中心主义治理到多元多层协同治理[J].东北亚论坛,2016(4).

构中发挥着举足轻重的作用。用一句通俗的话说,这就是"强社会与弱国家"的模式。在社会中心主义模式下,政府系统仍然在社会中存在并发挥着相应的职能,但这种职能的发挥在很大程度上依托于上述社会组织力量的认可或贯彻。很明显,在这种治理模式的主导或影响下,各种强人和社会集团是社会公众和国家的核心,这个国家能否正常运转,政府的政策和法规能否在现实中得到遵守和落实,在一定程度上都有待于强势社会组织的肯定和接受,不然就难以真正发挥其应有的效能,这构成社会中心主义治理模式的主要特征。

　　然后,我们再来看看我国的政府治理模式。与西方政府相比,我国政府从改革开放政策推行开始,虽然没有明确提出"政府再造"或"政府治理模式改革",但之后的历史却是一场政府再造和政府治理模式的变革。随着政府改革从机构的精简转向政府职能转变,我国学术界和实务界对我国应该建立一种什么样的政府治理模式进行了探讨,大致有:其一,企业型政府治理模式。所谓企业型政府也是借鉴了西方政府治理理论,主张把企业的管理模式和企业家精神引入政府治理,以顾客至上、效益至上为基本原则,引入竞争机制,转变政府的管理方式,改革政府的职能权限,强调政府掌舵而不划桨。其二,知识型政府治理模式。知识型政府治理模式强调政府应该适应知识经济时代,强化政府观念的更新,政府要具备学习能力,坚持以信息技术作为政府治理的主要支柱,以知识资源作为政府治理的主要基础,着重提高政府治理的质量和效率。其三,回应型政府治理模式。回应型政府治理模式认为政府要改变过去一味发布行政命令、政府与社会和公众信息不对称的局面,政府要依据民主、法治的原则,以社会公共利益和公众意志为导向,对社会和公众需求有效回应、及时处理,建立一种政府与社会、公众之间的对等关系。其四,服务型政府治理模式。服务型政府治理模式认为我国政府偏重于经济建设型的治理模式,随着经济的发展,必须调整政府职能,使政府聚焦到提供公共服务上来。这一观点后来成为我国理论界和实务界的普遍共识。在党十六届六中全会上,正式提出了建设服务型政府的要求,用服务型政府概括了此前提出的一系列政府治理模式。其五,合作型政府治理模式,与前四种观点不同,企业型、知识型、回应型、服务型更多是从政府本身思考政府治理模式,合作型政府治理模式则是立足于政府与社会的和谐关系,更多的是侧重于强调未来我国政府治理模式应该是政府与社会的合作,其中政府起主导作用,政府自上而下的管理和社会自下而上的参与有机统一,从而形成政府、市场、社会三维治理结构,以实现"善治"。六是统合主义政府治理模式,与第五种主张相似,统合主义不仅强调政府与社会的合作,更强调政府与社会以及其他治理主体的协同。后两种主张具有更为明显的治理与善治色彩,实际上我国政府治理模式的转型也符合这一逻辑。

当下,政府治理模式已经形成了一些共性的基本要素和基本方向:一是在思维层面,适应新的网络社会发展需要,政府治理在理念上树立公众需求导向、服务等观念,讲求回应性、有效性。二是在组织层面,政府治理是多元的治理结构,政府不再扮演单一主体的角色,多元主体组合是灵活的,而不是僵化的。三是在技术层面,政府治理工具也是多样的,并且辅以多样的治理方式。四是在运行层面,政府治理应注重利益调节和整合,建立综合治理机制。

7.1.4 政府治理的转型

我国政府治理转型是时代发展的必然,首先,政府治理转型体现的是政府治理现代化的过程,就是政府理念现代化、政府组织结构现代化、政府技术工具现代化、政府运行机制现代化的统一。其次,政府治理转型能够推动政府与市场、社会、公众关系的重新调整,是推进国家与社会关系调整的具体路径,能够实现政府权力与公民权利关系的重构,是实现国家治理现代化的重要手段与突破口。再次,政府治理转型能够推进政府职能转变,适应新的历史阶段和时代变化的新要求,对国家治理现代化具有重要的推进作用。基于此,我国政府治理转型成为必然,而且呈现出如下典型特征。

第一,政府治理是由"管理"向"治理"的转变。对于政府治理内涵的理解多是从主体性要素的关系角度的界定,政府治理意味着主体的多元化,这反映了治理理论的基本内涵。治理的关键还在于形成有效的主体网络,从而形成一个对公共事务管理和维护公共利益的网络化组织。多元主体形成网络化格局是治理的基本特征,在网络中政府起着推动作用。同时,网络体现了治理结构中各主体的合作关系。政府治理是以政府作为主体而展开的治理活动,政府治理既包括政府对公共事务的治理,也包括政府对自身实施的治理。

从中国的现实情况看,我国的政府治理还具有特殊性,是在中国共产党领导下对社会公共利益的实现和维护。政府治理的主体具有多元性,是政府与其他社会力量的合作,是一种新的政府模式,治理表明政府在对社会公共事务进行处理时身份角色的转变,由一个高居社会之上的管制者转变为协调者和引导者。由此,也带来了政府与公民关系的变化,治理具有民主性和灵活性,公民的参与度更高,体现了政府与公民的良性互动。政府治理充分展现出了现代政府与传统政府的本质区别,也是我国经济体制改革下政治体制发生变革与转型的一种体现。政府治理表明政府在性质、体制、管理方式方面发生了转型,实现由统治走向治理的转变,从而具备现代政府治理所普遍具有的特征,包括法治、服务、廉洁、高效等。政府治理主要是通过为社会提供公共产品和公共服务来实现公共利益,"在治理主体方面,政府是一个主导性主体,但允许其他组织参与,治理结构是多元的;政府治理更多运用政策工具,政府治理要注重公众的偏好,以服务为导向。"①

从国家治理的角度看,政府是国家治理体系中的核心,只有政府治理的现代化,才能有效实现整个国家治理的现代化。

第二,政府治理转型是政府治理诸要素整体变迁的过程。政府治理转型是全面深化改革的突破口,政府治理转型是要建立一个高效、廉洁和民主的政府。我国政府治理转型保障了我国改革开放取得各方面的成就,反之,新时代的改革发展也必须进一步推动政府治理转型,要在政府治理理念的科学化、治理主体的多元化以及治理方式的多层化上的变革上多花心思,多花力气。推动政府治理转型要"持续转变政府职能、稳步调整行政层级与行政区划、精简优化政府机构设置、大力发展电子政务、深入推进政务公开、全面开展政务服务中心建设、建立中国社会主义特色的公务员制度、不断加强法治政府建设、着力打造廉洁政府、构建中国特色的现代应急管理体系。"②我国政府治理转型是政府治理思维、组织、技术、运行四个层面的整体制度变迁,体现了政府治理理念、结构、工具和机制的变革。

第三,改革开放推动了政府治理转型。改革开放以来我国政府实现了治理理念、方式的转变,实现了由无限向有限、由管制向服务、由划桨向掌舵的转变。改革开放引发的社会转型,以及由此带来的社会分层给政府治理转型带来挑战。我国社会转型既是社会的总体性结构分化,也是执政模式进一步完善的过程,是政府治理模式的转变过程。正因为如此,政府治理必定要排除一切苦难适应社会转型,构建国家与社会的良性互动关系。我国社会转型时期政府治理的缺陷和问题的克服与解决,有赖于政府与社会、政府与市场、政府与公民之间的关系的处理,只有处理好了相关关系,才能建构和完善中国特色的政府治理模式,优化政府职能和机构改革,扩大地方政府的自主性,实现政府治理结构与

① 郑慧、陈震聃. 国家治理与政府治理辨析[J]. 理论探索,2016(04):47-55.

② 魏礼群. 建设服务型政府——中国行政体制改革[M]. 广州:广东经济出版社有限公司,2017.

功能的整体转变。

7.1.5 网络经济下的政府治理

网络经济推动了我国政府职能转变。其一,网络经济促使政府职能定位由管理型向服务型转变。首先,政府必须重新审视与定位自己的职能。在网络经济条件下,以市场为导向的原则是我国政府必须坚持的原则,这即是说,要充分认识到市场在资源配置中的核心地位与作用,强调市场在解决资源配置过程中的优先性,重新梳理和建构政府与市场之间的关系。反过来,如果政府还是强调政府在资源配置中的作用的话,就会带来政府超越自己的能力,造成政策失灵的严重后果。其次,在网络经济下,政府应积极利用网络经济快速发展的良好契机,加大力度建设和改善传统基础设施,大力建设新兴的信息基础设施,为政府职能的重心由管理型向服务型转变提供技术支持。政府只有在拥有较为健全的计算机网络设施和信息系统、拥有较强的技术优势的前提下,才能够有效地利用相关技术,打破时间、空间的约束,及时对市场出现的问题进行治理,从而构建一个更高质量服务型政府。其二,网络经济促使政府管理经济的方式由微观向宏观转变。计划手段和行政手段是以往传统的政府在行使其经济职能过程中采用得比较多的两种方式,用以对市场进行干涉和管理,这对于市场主体的积极性和主动性造成了一定的阻碍,导致市场功能被压抑,无法得到充分释放,其突出的特点是自上而下的强制性手段。这种管理方式存在诸多问题,极大降低了政府经济运行效率,这也是当前我国行政体制改革的难题。随着网络经济的发展,政府通过网络可以更全面、更及时、更有效地获取各种信息,能够积极有效地监督各项经济指标的运行情况,甚至还可以借助信息技术模拟现实经济进行模型试验,由此来提高政府对网络经济调控的整体水平。同时,网络平台的建立使得政府管理消除了官僚型组织结构的弊端,消除了处理和投递信息的中间管理层,有利于政府各部门充分利用网络资源及时掌握市场信息与动态,从而制定出正确有效的政策法规、方案议案等适应网络经济的发展,促使政府职能的行使方式发生巨大变化,从原来的微观管理向宏观调控转变。其三,网络经济促使政府与群众的关系更加密切。我国政府机构的信息系统建设在网络经济的大力推动下,在相当大的程度上得到了发展和完善,各级政府部门都具备了对外提供信息和应用服务的条件与能力,这就为政府服务内容和服务方式实现多元化提供了条件。网络经济下,政府拓宽了面向所有公众的公共服务空间,增加了大量的可行的沟通渠道,使得公众可以通过网络形式参与政府的各种公开的重要问题的讨论,从而能充分保证政府与群众的密切联系,对促进政府的工作效率以及决策的科学性提升产生了巨大作用。

在此基础上,网络经济下的政府治理表现出以下几个特点。

第一,治理主体的多元化。这里的多元化指的是在推进政府治理的过程中,并不是由其中的某一个行为主体来主导进行,而是发挥各行为主体的共同的积极因素,以此推动治理的过程向前发展。治理不是单个因素或力量就可以轻松搞定,而是属于全社会的共同责任。这里提出多元化的特征要求,这可以说是现代社会管理的一个重要特征,从改革开放四十多年的发展历程,社会利益的分化日益明显,各种社会力量也逐渐崛起成为不可忽视的重要因素。顺应这种历史性的变化,治理的主体也发生了相应的改变,原来往往强调的是单一的政府主体,认为政府可以包办一切;尤其是在“互联网+”的大背景下,行为主体的外延也在不断地扩展中,各类非政府部门的组织要素不断加入进来,正在逐步形成政府、社会、企业、公民等要素共同治理的大格局。

第二,治理客体的社会化。所谓政府治理的客体,就是治理所要直接面对的对象。在现代社会中,政府治理的对象可以说涵盖广泛,经过初步梳理,大概包括政治、社会、经济、文化和生态等各个方面,也就是说,只要与政策面对的问题有关,就会纳入治理的对象中。由于这些问题的涵盖广泛,并且与人民群众的切身利益息息相关,所以在一定程度上,体现了多个行为主体共同参与治理的过程。社会公众可以借助网络平台,参与到政府政策的执行或落实中来,有效地实现人民的监督,共同建立起发挥政府与社会各自积极作用和创建共建共治的政府治理格局。

第三,治理结构的网格化。网格化治理是现今时代新出现的一种治理方式,这体现了时代发展的必然和历史的进步性。现在的一些社会公共事务具有十分复杂的特性,以与人民群众切身利益联系紧密的环境污染处理等问题为例,事件往往牵扯到各方行为主体的利害关系,非一个单位或个人能够顺利解决这个问题,基于一定共识形成的联合行动是解决问题的必然要求。当前,我国正处于社会转型期,需要协调处理各个方面纷繁复杂的具体问题和矛盾,在这个过程中稍有不慎就会把事情办砸而损害到其他群体的利益,造成社会矛盾。在“互联网+”的新时代,社会治理将面临以往发展过程中没有遭遇过的问题和情况。传统时代解决问题的手段或方式尽管可以发挥作用,但也面临着难以解决当前时代问题的局限性,这就要求在治理过程中贯彻和应用多种手段进行综合治理,尽可能调节和保护各方主体的利益。

第四,治理机制的制度化。针对出现的一系列社会问题,治理机制就是为解决这些问题而制定的理想的设计方案。制度化的治理机制是十分及时和必要的,从最根本意义上说,这种谋划解决问题的机制降低了政府治理的成本,为现实中实施类似的治理行为提供了一定的可供遵循的行为规则,有利于治理活动的规范化。网络经济时代政府面对的问题越来越复杂,面临的挑战也越来越艰巨,这就需要妥善处理出现的一系列问题和挑战。要建立制度化的治理体系,就要在现实中建立起相应的规章制度,并在此基础上进一步完善。

7.2 优化与提升:网络经济下政府治理的机遇

7.2.1 提高了政府治理的行政效率

网络经济的发展极大地提高了政府的行政效率。政府在促进网络经济成功中所起的作用已经为人们所普遍认同,网络化为转变政府职能,促进一个有效的政府的建立提供了良好的契机。现代电子信息技术的普及及网络化带来了行政办公效率的极大提高。

对外来讲,网络化加强了政府的信息置换功能,新型政府可以使用各种新技术手段实现信息化管理。在网络条件下,收集信息、处理信息、传递信息、沟通信息将以更快捷、更经济的方式进行,政府的整体行政办事效率得到了大幅度提升。

对内而言,信息可以在政府内部为更多的人所分享的特质,使得越来越多的问题在网络企业较低的层级就可以得到解决,而不再需要过多的中层管理,这样,中层管理就大大被精简,也因此使得信息传递不及或因信息传递导致的错误所造成的内部消耗减少,网络企业的行政程序进一步简化。

7.2.2 服务职能成为政府的核心职能

我们通常从两个角度来形容当下存在的政府职能状态,一个称为充当“守夜人”的政府,一个称为“全能的政府”,前者显然不能满足日益扩大的公众需求,后者也因其存在的政府职能的无限扩张导致无法为公众解决更多的问题而失去其存在基础。因此,我们要对政府职能进行科学定位,要以满足社会和公众的需求和弥补市场缺损作为其定位的基本依据。

市场的缺损仅靠网络经济是无法弥补的,必须依靠政府力量的弥补才可以维持社会的正常秩序。市场安全、公共安全、国家安全仍然是政府最核心的职能,这是无法改变的现实,只不过在网络经济下,政府的服务功能将被强化,而其社会经济管理控制职能会弱化。

政府可以从多角度、多层面进行政府职能输出,一是将部分职能剥离给中介组织和事业性单位。如政府不直接承担那些具有社会性、公益性、自我服务性特征的事务性工作,而是交由中介组织和事业性单位承担。二是将部分职能归还社会。如政府集中精力致力于市场培育,把那些属于社会的生产、分配、交换的经济职能交由社会本身去承担,政府只起到宏观调控的作用,由此体现政府公共权力的本质。

总之,网络化程度的提高使得政府职能发生转变,通过网络可以获得信息。政府在此扮演的是信息中继站的角色,对于公众来说,他们渴望的是政府能够更多地解决百姓存在的实际性的问题,他们还希望政府能够公开及时地向社会公众发布各种政策信息,提供各种政策咨询服务。这样,无论是公众还是企业,都可以借助于便捷、低成本的网络传输,通过政府这个中继站的角色及时了解国家的政策法规,获得政府更具体、更个性化、更有效的服务。

如上看来,网络化的推进为政府工作的深入提供了经济而快捷的渠道,政府工作的透明度和实效性得到大大提高。

7.2.3 民主政治程度进一步提升

网络化的推进使得公民政治参与有突破性的进展,民主政治程度进一步提升。网络技术不仅提高政府工作的效率,还能促进公民更多地参与政府决策过程,参与政府解决问题的过程。从公民的角度来看,公民透过网络能获得更多有关政府的信息,有机会了解政府在做什么、在怎么做,并且可以通过网络以多种方式及时、方便、有效地表达自己的意见,间接地参与到政府的决策过程中去。在我们这个网络化的社会中,正在参会的代表都可通过网络与网民进行线上的直接的沟通与交流。电子空间使得权力转移到那些直接参与价值增值的普通劳动者和公民手中,成为公民政治参与的重要渠道。政府工作日益变得公开、透明、有效。

从政府的角度来看,政府与公民的交流方式更为直接,当下,我国政府的大多部委、地方政府及其职能部门,都设立了面向社会公众的网络平台,通过网络平台向社会提供各种信息和政策咨询服务。网络平台成为政府在更广大的范围内收集社会各阶层的意见,并由此获得各种信息反馈的便利渠道。这些通过直接方式获得的信息避免了经过多层过滤而带来的信息失真情况的发生。而且,网络的快速信息传递使公众的信息反馈速度大大加快,也使得政府对问题的回应速度大大加快,这必将有利于矛盾的化解,密切政民关系,从而增进社会稳定,推进社会发展。

7.3 亟待变革:网络经济下政府治理面临的挑战

互联网经济发展在为政府治理带来技术工具和变革动力的同时,也带来了前所未有的挑战,政府从治理理念、治理模式到治理能力都亟待变革,以适应互联网经济发展的全新要求。

7.3.1 治理理念的挑战

全球信息的高速流动、国际竞争剧烈、社会节奏加快、网路经济的快速发展,这些因素都极大地冲击着传统的政府治理理念,那些低效的政府治理方式已经完全不能适应网络经济的发展了,高效的政府治理是适应现代社会发展的必然,也是网络经济的发展对其提出的必然要求。高效的政府治理即意味着政府的治理具有更加迅速、更加精准的决策,拥有更加敏感的战略眼光,具备更好的驾驭网络经济发展,参与国际竞争的能力。显然,网络经济下政府面临治理理念的挑战。

为此,要适应网络经济的发展,政府应该树立知识管理的理念。知识管理理念注重尊重知识,强调用知识的规律来规范和引导社会行为,而不是采取强制的方式进行管理。由此,政府在制定法律和政策的过程中,尤要符合知识规律和互联网经济的发展规律。

7.3.2 治理模式的挑战

网络改变了传统信息的传递渠道和方式,创造了大量的信息来源,使社会意识形态呈现出更加多元化和复杂化的特征。在这样的环境下,公众获得了更多的发言权利和渠道,同时也提高了公众对社会公共事务的关注度,甚至激发了其更高的政治参与度,这对我国良好的政治参与秩序的运行提出了挑战,对我国政府治理模式也提出了挑战。

网络经济时代公众的主体意识在不断提高,政府与公众的关系不再是官主民从的旧有模式,过去在政府治理实践过程中的守旧思想,及政府单向的行政管理模式,已经完全和当下公众的意愿相背,这使政府必须转变公共治理模式。网络经济下政府的治理模式要从刚变柔,要从保守转向开放,采取信息公开、公共参与、协商治理等柔性的治理手段,引导公民主体、市场主体、第三部门等共同参与治理,实现共享、共治、共赢的政府治理新模式,真正提高国家现代化治理水平。

7.3.3 治理能力的挑战

网络时代是信息的时代,信息的来源和数量呈爆炸式增长,同时,现代信息技术下的每一个人都有可能是信息的来源和传播者,对信息技术的应用要求越来越高,政府对信息的通知和垄断彻底被打破,面对这样的环境,政府的治理能力遭受挑战。

而且,虽然我国政府正在积极研发各种新兴的网络监管、网络安全保障技术,但政府努力的空间还很大,同时,相关的高素质技术员的缺乏加剧了政府面临的治理能力的挑战。

7.4 建构与完善:网络经济下的政府治理路径

尽管我国互联网经济发展迅速,但互联网医疗、教育、网上购物、社交媒体等网络经济各领域存在各种问题,对政府的治理体系和治理能力提出了挑战。如何建构与完善网络经济下的政府治理路径,既有利于促进网络经济的健康完整,也有利于政府治理功能的进一步提升。

7.4.1 要把握好治理原则

网络经济越来越多地显示出特有的活力,面对这种正在与其他生活系统发生"化学反应"的网络经济,政府治理体制的变革也成为必须,也需要有相应的、针对性的措施,就政府治理原则而言,应该考虑三个方面。

第一,适度治理原则。网络经济持续发展,在变化快捷的过程中活力十足,仅凭传统经验和知识是无法对其进行充分把握的。在网络经济的治理问题上,行政机关工作人员不一定比网络经济活动的创造者熟悉且有效,无论在技术上还是专业性上都如此。而且,网络经济在迅速发展的时候,政府的直接管理或监管还没有完全到位,市场主体就自行解决了在这个过程中发生的一些问题,如市场主体自己设计了如何解决网络消费者在消费行为发生后的质量及消费体验的反馈路径问题,即每个消费者可以直接对自己购买过的商品做出网络评价。但是,网络经济带来的很多问题是无法单纯靠市场主体自身化解的,比如网络消费者权益保护问题,前段时间发生的比较恶劣的网约车乘客安全问题等,这些都是市场主体的力量无法触及的。这就需要政府参与进来,与市场主体、社会组织共同解决问题,这是政府适度治理原则的体现。当市场、社会无法自行解决问题或者说解决问题的效果、程序存在问题的时候,政府就要进行强有力的参与,实施治理。

政府如果确实需要参与到网络经济问题的治理的话,在做出重大治理决策之前,应该坚持适度原则,即要充分衡量,治理手段付出的成本与治理目标的实现之间的价值关系。这就要对治理手段、治理方式和治理过程进行详细分析,要进行必要的比例原则分析和成本收益分析,由此判断政府的治理目标是否正当;要对相应的备选监管措施进行分析,判断其是否可以实现监管目标;要对所有治理环节进行分析,判断其是否对相关正当利益的侵害最小,以及是否可以做到"物有所值"。在这些分析的过程中,政府还要充分保证其公开性和透明性,不能一手遮天,必须让公众参与进来,公众充分发言,从他们的角度,以他们的思维方式对政府的相关考虑是否科学合理提出意见。所以我们说,这样理性的治理决策做出过程,也即政府的适度治理原则的体现。

第二,共治原则。共治原则首先体现在政府应该动员行业组织、社会组织与市场主体共同参与网络经济的治理。互联网的开放性、跨界性、分享性等特性决定网络经济的治理绝不可能靠政府和市场主体就能完成,而必须是一个由政府、网络企业、行业组织和社会组织等发挥各自优势与作用,形成一体的网络经济的公共治理体系。

第三,信息效用最大化原则。网络经济运行的关键要素是信息,正是信息在网络中的快速生成、传递和分享,才使得生产、交换、分配等经济活动可以有效进行。经济主体的产品销售和服务供应,是否能够占领市场,获得消费者的认同,基本取决于其相关信息供应是否及时、准确,也取决于消费者的评价信息是好是坏。因此,信息可以为政府和其他公共治理主体所充分利用,为治理提供协助和贡献。信息披露、信用监管等具体治理方式的应用,都与信息效用最大化原则有关联。

7.4.2 要明确治理目标

政府发展网络经济,不仅要依靠其雄厚的经济实力和人力资源,还必须明确治理目标,治理目标的明确意味着治理活动的总体方向的明确,因此,政府必须建立发展网络经济的战略规划,并根据不同的发展战略、发展目标,设置并扶持重点方向,推动网络经济发展。实践表明,政府治理体系的形成、巩固和发展,相应的治理目标不可或缺。

在网络经济治理方面,治理模式和治理能力的现代化水平要不断提高的话,就必须做好顶层设计,深入把握数字经济发展趋势,明确治理目标。2008 年 6 月,OECD 成员国发布的《OECD 关于互联网经济的未来首尔宣言》(简称首尔宣言)认为,互联网经济治理的目的在于为市场主体创造更有效率的市场环境、公平有序的市场秩序,提高资源配置效率。① 因此,OECD 国家决定通过适当平衡的法律、政策、行业自治和消费者赋权以实现:一是扩大互联网在全球的接入和使用。二是促进以互联网为基础的创新、竞争和使用者选择。三是保证关键信息基础设施的安全,并对新的威胁做出反应。四是确保网络环境中的个人信息得到保护。五是保护网络环境下的知识产权。六是建立一个个人利益可以得到保护的、值得信赖的网络环境,尤其是要关注少数群体和其他弱势群体利益。七是促进对互联网安全和负责任的使用。这种使用尊重国际的社会和道德规范,增强透明度和责任。八是创设一个市场友好的环境。该环境鼓励网络基础设施投资、更高水平的可联通性、创新服务及应用。② 上述八个政策目标概括起来实际上是三个方面的内容:其一,促进互联网及网络经济发展,极尽其潜力。其二,促进或维持互联网内部和外部的公平竞争。其三,更普遍地保护互联网用户的隐私和消费者权益,维护社会公共利益。③ 清晰正确的治理目标,对于促进和实现网络经济的发展至关重要。OECD 国家以前述治理目标为指引建立网络经济治理体系,其所取得的网络经济发展成就,前述治理目标的确定功不可没。

对于我们国家来说,要从国际国内大势出发,总体布局,统筹各方,创新发展,努力把我国建设成为网络强国。④ 我国网络经济的治理目标,应以发展网络经济为中心,使人民共享发展成果,维护公平竞争,保护互联网用户和消费者权

---

① OECD. The Seoul Ministerial on the Future of the Internet Economy[J]. Ministerial session,18 June 2008：4.

② OECD. The Seoul Ministerial on the Future of the Internet Economy[J]. Ministerial session,18June 2008；4 - 5.

③ Koske,I. et al. The Internet Economy - Regulatory Challenges and Practices. OECD Economics Department Working Papers[M]. No. 1171, OECD Publishing, Paris,2014：9 - 10.

④ 张洋. 向着网络强国扬帆远航——推进网络安全和信息化工作综述[N]. 人民日报,2017 - 11 - 28(01).

益,维护国家安全和社会公共利益。政府应以明确的治理目标为基础,建立互联网经济发展战略规划,完善网络经济治理体系,提高治理能力。

7.4.3 要建构多元的治理结构体系

治理结构体系解决的是"治理主体是谁"和"治理主体之间是什么关系"两大问题。首先,要有多元化、负责任的治理主体。其次,要有边界清晰、分工合作、平衡互动的多主体和谐关系。

互联网正处于快速发展演变中,这使得治理者的治理步伐难以保持同步。互联网新技术、新参与者和新的使用方式不断涌现,并不断深入,由此亦使新的问题不断出现,单靠政府一己之力无法满足治理需要。治理政策场域中的行动者既包括国家行动者,也包括非国家行动者。谁参与治理,对政策的选择和实施至关重要,进而对治理的效果产生影响。所以,在日益复杂的网络经济治理难题面前,政府、行业组织、市场主体和消费者应该紧密结合成为互联网经济治理的共同主体。联合自治主体分为三个层次,第一层次是政府,政府治理是主导;第二层次是行业和企业自治,这是联合自治主体的重要组成部分;第三个层次是相关社会组织和消费者,这是联合自治主体的重要力量。行业协会、消费者保护组织,既是消费者与企业之间、国家与企业之间的纽带,也是消费者利益的保护者。行业协会也在行业自治中发挥核心作用。这样,形成政府、企业、社会组织和民众各尽其责、分工合作的协同治理的合作伙伴关系,形成良性运行的治理态势,构成良好的互联网经济治理结构体系。

7.4.4 建立网络经济治理制度体系

治理制度体系解决的是"如何保障治理结构有效运转"的问题。建构好治理主体、明确了治理目标后,要有一套完备的法律和制度体系,保障治理体系的有效运转。[①] 政府网络经济治理的制度体系应该涵盖网络经济发展、管理和安全等方面。

要制定促进网络经济发展的法律和制度体系。一是要制定支持信息自由流动的法律和制度体系。"网络经济的发展、信息和知识的分享传播以及人们的自我表达等,都应以全球信息的自由流动为前提,促进全球信息的自由流动

---

① 陶希东. 国家治理体系应包括五大基本内容[J]. 理论参考,2014(2):20.

对于互联网行业的长远发展至关重要。"①因此,政府的法律和政策都应支持信息自由流动以促进创新和创造,支持研究和知识共享,以提升贸易和电子商务,推动新的商业和服务业态的发展,通过根植于尊重人权和法治、保护用户隐私和数据、强化数字安全的政策增进人民福祉,从而加强互联网的开放性,尤其是加强互联网的分布性和互通性。② 二是要制定激励数字创新和创造法律和制度体系。通过促进数字技术和知识资本投资、鼓励数据的获得和使用,培养企业家能力、支持中小企业发展及所有经济部门的持续变革等政策以刺激经济增长、解决全球性问题。三是要制定促进高速宽带网络和服务的投资与竞争法律和制度体系。高速宽带网络和服务是促进经济增长、促进就业和增强竞争力的关键。为了增加网络基础设施,满足日益增长的用户需求、破解接入瓶颈、提高网速,需要大规模的投资以实现网络技术和基础设施的更新换代。比如,政策制定应立足于强化宽带网络服务竞争,降低服务成本,让高速宽带网络实现广泛渗透;政府应鼓励加大高速宽带网络的投资,特别是在那些政府扮演关键角色的领域,如教育、健康、能源和交通等,以促进互联网与传统产业的深度融合。四是要制定提高互联网的开放性和互联性法律和制度体系。互联网提供了一个平等开放、分享协作、多方参与的网络空间,新设备的不断联网以及新业态的不断涌现,对于提升创新能力、促进经济增长发挥了至关重要的作用。但这一切都有赖于互联网的开放性和跨国互联互通。政府以通过协商、达成协议的方式促成网络间的联通。借助于采取可促进宽带网络投资、保护消费者、提高竞争技术,提高宽带的连通性,利用互相连接并且聚集的基础设施和数字服务的潜力以打通数字鸿沟、促进创新。五是要充分利用由物联网、云计算、制造业数字化和大数据等正在涌现的技术和应用所带来的各种机会,同时也解决好这些技术和应用所产生的经济和社会影响,并对相关的已有政策和法律进行评估和修订。

　　要制定维护互联网经济秩序的法律和制度体系。首先要制定规范互联网市场的法律和制度体系。要维护公平竞争、保持网络开放接入、降低网络资费,要着力反对垄断、确保公平竞争、避免不当补贴以及经营者彼此间的接入障碍

---

① OECD. OECD Principles for Internet Policy Making[M]. OECD Publishing, Paris, 2014: 4.

② OECD. Ministerial Declaration on the Digital Economy: Innovation, Growth and Social Prosperity[EB/OL]. http://www.oecd.org/sti/ieconomy/Digital-Economy-Ministerial-Declaration-2016.pdf, 2017-12-21.

和歧视。要求各种网络保持开放,使用者可自由选择接入的网络;已建成的通信管道或在建网络保持开放,以保证替代电信运营商进入的可能,防止线路垄断;各运营商、网络线路必须接受网络开放接入协议,破除通信壁垒。这样才能维护互联网市场的竞争,为使用者提供更好的网络服务,降低资费。此外,政府还要关注规制搜索引擎、云计算,治理社交媒体。其次,要鼓励利益相关方制定自律行为规范。政府可以推动利益相关方自愿制定包含有效责任约束机制的行为规范。政府可以授权这些自愿性质的行为规范以行政效力,并将其付诸实施。这些自律性质的行为规范要与国内法律框架相一致,也要考虑到其他相关者的利益。再次,要积极应对人工智能和区块链的挑战。政府高度关注人工智能带来的政策和道德问题。人工智能在提高效益和生产力的同时,可能遭遇新的政策和道德问题,比如,人工智能对工作和人的技能未来发展的潜在影响,以及对监督、透明度、责任、义务、安全和保障的意义如何等。区块链使得没有可信中心的交易成为可能。比如,基于区块链的虚拟货币比特币的运营独立于任何央行或任何其他金融机构。除比特币外,区块链的应用通过降低交易成本、提高可信度并通过智能合约保障执行,在很多领域创造了机会,包括金融和公共部门、教育和物联网等。其中大部分潜力仍取决于能否设法解决技术难题和政策挑战,如在没有任何中介的情况下如何执法,或是如何或向何人针对基于区块链的体系造成的侵权追究法律责任。政府应设法解决区块链的技术难题和政策挑战,以更好发挥其潜力。

要制定保护网络经济用户安全方面的法律和制度体系。其一,要鼓励多方合作以确保网络安全。如要强化政府在制定互联网政策,关注网络安全,降低网络风险,支持个人和集体在自我保护、信任合作方面做出的努力。同时,要鼓励相互合作,包括各国的承诺执行,建立市场主导的安全标准等。其二,要保护数字安全和用户隐私。强有力的数字安全和用户隐私安全保护政策,对于确保互联网的经济和社会潜力充分释放至关重要。政府要进一步促进数字安全风险管理和隐私保护以增强人们对网络经济的信任,并且有效协调有关法律和政策。支持协调一致的数字安全和隐私风险管理措施的落实,尤其关注中小企业和个人在此方面的需求。促进有关技术研究和创新。推动形成可信、透明,普遍适用的数字安全风险管理和隐私保护政策。支持达成有关促进有效跨境保护隐私和数据安全的国际安排,支持各国协作。其三,要保护消费者权益。如果消费者对网络经济没有信心,则其潜力不可能实现;而这种信心会被欺诈、误导和不公平的商业行为所侵蚀,会因公开透明、有效的消费者保护机制而增强。

因此,需要政府、企业和消费者共同持续努力以构建一个包括有效的消费者保护机制在内的网络经济制度框架。因此,努力建立一个公开透明、有效的消费者保护机制成为必要。比如,重新审视有关法律和做法,甚至修改相关法律、改变有关做法以应对互联网的特殊交易环境和条件;支持和鼓励形成有效的、市场内生的消费者保护自治机制——纳入消费者代表,并且包括特殊的争议解决实体规范和投诉机制;鼓励发展保护消费者的技术;采取措施对网络经济使用者进行教育,增强消费者的参与能力,使企业知晓有关特殊规范,提高保护意识;增强司法和执法人员对于网络环境下开展国际合作保护消费者,打击跨境欺诈、误导和不公平的商业行为的意识和能力;为了消费者和企业利益,采取增强消费者信心、保证产品安全、促进竞争、支持消费驱动创新的政策和法律,并且促进各国国内的消费者保护机构、组织间以及各国间的消费者保护合作,以减少国内和跨境电子商务的障碍。

7.4.5 要建立良好的治理方法体系

治理方法体系解决的是"采用什么方式、靠什么手段进行治理"的问题。网络经济治理是一个综合性的复杂系统,需要多元化的方法和多元化手段的协同作用进行有效实施。鉴于网络经济自身所具有的特殊性以及面临的诸多治理挑战,政府应寻找最适合互联网经济的治理方法。在政府治理,行业自律,市场主体自我规制,公众参与治理的基础上,充分发挥互联网经济行业自治的作用不失为一种可适用的方法。

第一,发挥行业组织自治作用。"行业自治是互联网经济行业组织或行业中的企业通过制定自治性规范文件而实施的、非法律的规范方式,通过社会组织将分化的利益纳入体制可控的轨道。"①要充分认识行业自治的作用,它是政府治理的有益补充,对政府、企业和消费者极有益处。行业自治通过制定行业规范和行业标准,规范行业秩序,维护公平竞争;行业自治比政府治理更灵活,时效性更强,可有效弥补国家治理的不足,有助于降低治理成本,减轻政府治理压力和治理负担。行业自治有助于更好地保护消费者权益。例如,行业标准可帮助消费者获得更好的消费信息,符合行业特别需求,独立而低成本的争议解决机制可更有效解决纠纷、增强消费者信心,行业规范可约束企业滥用优势地位的行为,行业自治规范甚至在某些方面可提供比法定要求更高的保护。"行

---

① 屠世超.契约视角下的行业自治研究——基于政府与市场关系的展开[D].上海:华东政法大学,2008.

业自治的优势在于行业代表共同制定技术或行为标准,其比政府更熟悉复杂的互联网经济行业情况,其不足在于行业自治关注的更多是行业自身的利益,不能为所有参与者尤其是消费者的最大利益进行治理。"①

行业自治的着眼点和立足点是对行业的规范和整治,增强企业的职责职能意识,通过行业的力量加大对企业的管理和监督。属于行业的管理资源和信息资源都应该成为行业组织发挥专业协作和管理职能的手段和方式。更为重要的是,要进一步完善行业规章制度,提高行业自律水平,这样才能使行业呈现出有序的竞争。

第二,加强互联网经济主体的自我规制。市场主体基于个体和联盟的自我规制在互联网时代的作用更加重要。自我规制是互联网经济主体遵守行业规范或者制定自治性规范文件自我管理、自我约束,实现自治与他律的有机结合。

第三,鼓励利益相关者和公众参与。利益相关者和公众参与是互联网经济治理的社会基础。利益相关者和公众可参与立法和行业自治规范的设计、实施,监督政府和行业组织、企业,集民智和民力辅助治理。

第四,政府和互联网经济行业"共治"。"共治"是互联网经济行业与政府互动、合作,通过行业组织与政府及行业外利益主体沟通,行业组织向成员提供政府、行业信息,以及促使行业成员承担社会责任,维护行业整体利益,并规范行业发展秩序,维护公平竞争,畅通多元化治理的参与渠道。②

---

① Koske,I. et al. The Internet Economy – Regulatory Challenges and Practices. OECD Economics Department Working Papers[M]. No. 1171,OECD Publishing,Paris,2014;9 – 10

② 屠世超. 契约视角下的行业自治研究—基于政府与市场关系的展开[D]. 上海:华东政法大学,2008.

参考文献

一、专著及教材

[1]马克思恩格斯选集[M].北京:人民出版社,2012.

[2]马克思恩格斯选集[M].北京:人民出版社,1995.

[3]马克思恩格斯文集(第二卷)[M].北京:人民出版社,2009.

[4]马克思.资本论(第一卷)[M].北京:人民出版社,1963.

[5]马克思恩格斯全集(第1、46、47卷)[M].北京:人民出版社,1979.

[6]马克思.机器、自然力和科学的应用[M].北京:人民出版社,1978.

[7]毛泽东选集(第三卷)[M].北京:人民出版社,1991.

[8]邓小平文选(第二卷)[M].北京:人民出版社,1994.

[9]邓小平文选(第三卷)[M].北京:人民出版社,1993.

[10]中国共产党第十九次全国代表大会文件汇编[M].北京:人民出版社,2017.

[11]张铭洪主编.网络经济学教程[M].北京:科学出版社,2017.

[12]丰子义.现代化的理论基础[M].北京:北京师范大学出版社,2016.

[13]韩耀、唐红涛、王亮.网络经济学[M].高等教育出版社,2016.

[14]金江军.互联网时代的国家治理[M].北京:中共党史出版社,2016.

[15]沈荣华.政府治理现代化[M].南京:浙江大学出版社,2015.

[16]胡春、吴洪编著.网络经济学[M].北京:清华大学出版社,2015.

[17][美]弗朗西斯·福山.大断裂:人类本性与社会秩序的重建[M].唐磊译.桂林:广西师范大学出版社,2015.

[18]俞可平.论国家治理现代化[M].北京:社会科学文献出版社,2014.

[19]陈春常. 转型中的中国国家治理研究[M]. 上海:上海三联书店,2014.

[20]习近平谈治国理政[M]. 北京:外文出版社,2014.

[21]屠世超. 契约视角下的行业自治研究——基于政府与市场关系的展开[D]. 上海:华东政法大学,2008.

[22]杨君佐. 网络信息经济治理模式研究[M]. 北京:电子工业出版社,2011.

[23][美]MichaelJ. Mandel,李斯、李燕鸿译. 即将到来的互联网大萧条[M]. 光明日报出版社,2010.

[24]俞可平. 治理与善治[M]. 北京:社会科学文献出版社,2000.

[25]盛晓白等编著. 网络经济学[M]. 北京:电子工业出版社,2009.

[26]张小蒂、倪云虎. 网络经济[M]. 北京:高等教育出版社,2008.

[27]刘明珍. 公民社会与治理转型[M]. 北京:中央编译出版社,2008.

[28]李秋零. 康德著作全集(第四卷)[M]. 北京:中国人民大学出版社,2005.

[29]孔伟成,陈水芬. 网络营销[M]. 北京:高等教育出版社,2005.

[30]李秋零. 康德著作全集(第4卷)[M]. 北京:中国人民大学出版社,2005.

[31][美]亨利·阿塞尔著. 消费者行为和营销策略[M]. 北京:机械工业出版社,2000.

[32]唐·泰普斯克特等著. 数字经济的蓝图——电子商务的勃兴[M]. 大连:东北财经大学出版社,1999.

[33]严耕等. 网络伦理[M]. 北京:北京出版社,1998.

二、论文

[34]李凤亮,潘道远. 文化创意与经济增长:数字经济时代的新关系构建[J]. 山东大学学报(哲学社会科学版),2018(1).

[35]王敏. "互联网+"背景下政府治理能力现代化研究[D]. 中共中央党校,2018.

[36]刘涛. "互联网+政务服务"政府治理创新研究[J]. 合作经济与科技,2018(4).

[37]王小林. 经合组织国家互联网经济治理经验[J]. 学术交流,2018(5).

［38］王灏晨.国外数字经济发展及对中国的启示［J］.财经界（学术版），2018（2，下）.

［39］丁元竹.重视互联网给社会结构带来的影响［J］.社会治理，2017（11）.

［40］陈会林.转型时期中国共产党执政党合法性基础探析［J］.理论观察，2017（3）.

［41］耿亚东.大数据时代政府治理面临的挑战及其应对［J］.中州学刊，2017（2）.

［42］张洋.向着网络强国扬帆远航——推进网络安全和信息化工作综述［N］.人民日报，2017－11－28（01）.

［43］徐家力.论网络治理法治化的正当性、路径及建议［J］.东北师大学报（哲学社会科学版），2017（4）.

［44］鲍旭源.大数据时代视域下的网络经济伦理研究［J］..四川行政学院学报，［J］.2017（4）.

［45］石晨霞.试析全球治理模式的转型——从国家中心主义治理到多元多层协同治理［J］.东北亚论坛，2016（4）.

［46］郑慧，陈震聃.国家治理与政府治理辨析［J］.理论探索，2016（04）:47－55.

［47］俞可平.法治与善治［J］.西南政法大学学报，2016（1）.

［48］刘冰.互联网发展的中国智慧［J］.党建，2016（2）.

［49］沈苏彬，杨震.工业互联网概念和模型分析［J］.南京邮电大学学报（自然科学版），2015（5）.

［50］焦瑾璞，黄亭亭，汪天都.中国普惠金融发展进程及实证研究［J］.上海金融，2015（4）.

［51］尹建国.我国网络信息的政府治理机制研究［J］.中国法学，2015（1）.

［52］赫远扬.网络经济对企业的影响分析［J］.商业经济研究，2015（2）.

［53］马德普.简析近代以来国家治理模式的变迁——兼论中国国家治理模式的变革［J］.行政科学论坛，2014（5）.

［54］王国顺，杨晨.实体和网络零售下消费者的信任转移与渠道迁徙［J］.中南大学学报（社会科学版），2014（4）.

［55］何增科.政府治理现代化与政府治理改革［J］.行政科学论坛［J］.2014（4）.

[56]王浦劬.国家治理、政府治理和社会治理的基本含义及其相互关系辨析[J].社会学评论,2014(3).

[57]何自力.对"大市场,小政府"市场经济模式的反思——基于西方和拉美国家教训的研究[J].政治经济学评论,2014(5).

[58]陶希东.国家治理体系应包括五大基本内容[J].理论参考,2014(2).

[59]Koske,I. et al. The Internet Economy – Regulatory Challenges and Practices. OECD Economics Department Working Papers[M]. No. 1171, OECD Publishing, Paris, 2014.

[60]吕明瑜.知识产权领域反垄断的政策选择——知识产权与反垄断法关系理论视角下的分析[J].中国社会科学院研究生院学报,2014(4).

[61]王雪.网络经济下的垄断与规制研究[J].长沙大学学报,2013(2).

[62]余红伟.新兴网络经济几个重要特征研究[D].武汉大学,2013.

[63]冯鹏程.世界将拥抱第三次工业革命[N].光明日报,2013,1(7):008.

[64]周飞、顾客互动与渠道协同绩效的关系研究[D].华南理工大学,2013.

[65]武晨.网络经济中的不正当竞争行为及法律问题探讨[J].太原城市职业技术学院学报,2013(10).

[66]黄群慧,贺俊"第三次工业革命":科学认识与战略思考[J].光明日报,2012,12(14):011.

[67]崔志恒.网络新型不正当竞争行为的法律规制[D].天津工业大学,2012.

[68]陈剩勇、于兰兰.网络化治理:一种新的公共治理模式[J].政治学研究,2012(2).

[69]包国宪、霍春龙.中国政府治理研究的回顾与展望[J].南京社会科学.2011(9).

[70]王云云.网络购物中的消费者权益保护研究[D].安徽大学学位论文,2011

[71]曾维和.当代西方政府治理的理论化系谱——整体政府改革时代政府治理模式创新解析及启示[J].湖北经济学院学报,2010(8).

[72]Leon)Schiffman,Leslie Kanuk. Consumer)Behavior[M]. 10th)ed. Prentice Hall,2009.

[73]屠世超.契约视角下的行业自治研究——基于政府与市场关系的展开

［D］.上海：华东政法大学,2008.

［74］OECD. The Seoul Ministerial on the Future of the Internet Economy［J］. Ministerial session,18 June 2008：4.

［75］黄守坤.非理性消费行为的形成机理［J］.商业研究,2005(10).

［76］韩萍.中国网络经济运行环境探析［J］.当代经济,2004(12).

［77］汪涛.网络经济运行机制探讨［J］.改革与战略,2002(7).

［78］张蕊.网络经济的特征和运行规律剖析［J］.天津大学学报(社会科学版),2001(1).

［79］辛向前.网络经济的若干理论问题研究［D］.中共中央党校,2002

［80］黄德海.理性与非理性消费行为刍议［J］.河北经贸大学学报,2000(3).

［81］张成福.责任政府论［J］.中国人民大学学报［J］.2000(2):75－82.

［82］丘秋水,陈碧霞.消费理性与非理性［J］.经济论坛,1999(12):20－21.

［83］乌家培.企业信息化的实质、问题与出路［J］.信息系统工程,1999(3):6.

［84］Herbert A. Sitnon. A Behavioral Model of) Rational Choice［J］,Quarterly Journal of Economics,1995,69(1).

［85］通向21世纪"信息高速公路"——美国"国家信息基础结构行动计划"透视(上)［J］.中国信息导报,1994(1).

［86］Daniel Kahneman, Amos Tversky . Prospect Theory：an Analysis of Decision Under risk［J］. Econometrica, 1979, Volume 47.

［87］D' Antoni Joseph S. , Jr. and Sherson Howard L. Impulse buying revisited：A behavioral typology［J］. Journal of Retailing. 1973, vol. 49.